사소한 역사

사소한 역사

발행일   2026년 2월 20일

지은이   김일환
펴낸이   손형국
펴낸곳   (주)북랩

출판등록 2004. 12. 1(제2012-000051호)
주소   서울특별시 금천구 가산디지털 1로 168, 우림라이온스밸리 B동 B111호, B113~115호
홈페이지 www.book.co.kr
전화번호 (02)2026-5777   팩스   (02)3159-9637

ISBN   979-11-7598-133-1 03230 (종이책)   979-11-7598-134-8 05230 (전자책)

본 도서는 (주)북랩이 보유한 리코 인쇄 장비 등 자체 생산 인프라를 통해 제작되었습니다.

작가 연락처 문의 ▸ ask.book.co.kr

전용 게시판에 문의를 남기시면 저자에게 직접 전달됩니다.

(주)북랩 성공출판의 파트너

북랩 홈페이지와 SNS에서 다양한 출판 솔루션을 만나 보세요!

홈페이지 book.co.kr   •   **블로그** blog.naver.com/essaybook   •   **출판문의** text@book.co.kr
카톡채널 북랩

교 회 사 의 뒤 안 길 에 서 만 난 편 린 들

사소한 역사

김일환 지음

몇몇 영웅들의 이야기로만 채워질 수 없는
한국 개신교 140년의 발자취

낡은 당회록과 선교사들의 편지 틈새,
십자가 그늘에 가려진 채
묵묵히 시대를 빛내 온 한국 교회사의 파편들

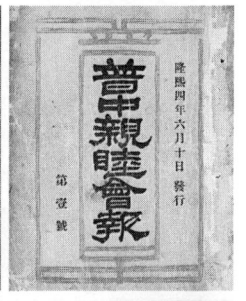

북랩

책을 내면서

뒤늦게 시작한 교회사(기독교사) 연구로 박사까지 되고 보니 어느새 교회사를 공부하면서 사는 인생이 되었다. 자료를 찾아 논문과 책을 쓰고, 연구하면서 강의하는, 나름대로 바쁜 생활이다. 그 속에서 틈틈이 마음과 시선이 가는 주제들이 있지만, 모든 주제가 논문이나 책속에 들어오거나 연구 주제가 되는 것은 아니다. 어떤 것들은 본의 아니게 관심 밖에 밀려난 채로 파편처럼 존재하기도 한다.

이 책은 한국 교회사를 연구하면서 만난 그런 편린(片鱗)들을 모아서 엮은 것이다. 당연히 책을 관통하는 공통의 주제가 있는 것은 아니다. 그러므로 이 책은 필자의 산만한 관심과 부족한 공부 이력을 보여 줄 가능성이 높다. 깊이 있는 연구 내용을 기대하면서 이 책을 대하는 독자 중에는 실망하는 분들도 계시리라 짐작해서 미리 죄송한 마음을 밝힌다. 그래서 제목을 '사소한 역사'라고 지었다. 역사가 사소할 리 없지만 필자의 글이 사소하고 부족할 뿐이다.

2026년 2월, 봄을 기다리며

김일환(金一煥)

차례

안나 제이콥슨의 집

1893년 11월부터 구리개 제중원의 책임을 맡게 된 에비슨(Oliver R. Avison) 선교사는 미국 북장로회 해외선교부에 여성 의사와 훈련받은 간호사의 파송을 요청했다. 하지만 1894년 5월에 에비슨이 제중원을 사직하고 청일전쟁이 일어나는 혼란 속에서 간호사 파송은 지연되었다. 해외선교부는 같은 해 6월 4일 한국에 파송할 간호사를 임명했지만, 파송을 지연할 수밖에 없었다. 이런 우여곡절 끝에 1895년 4월 9일 서울에 도착한 간호사가 안나 제이콥슨(Anna P. Jacobson, 아각선雅各善, 1868-1897) 선교사다.

제이콥슨 선교사는 1866년 4월 18일에 노르웨이에서 태어나 루터교회에서 유아 세례를 받았다. 어려서는 루터교회에 다녔지만, 청년기에 회심 체험을 한 후 1886년 1월에 노르웨이 장로교회의 교인이 되었다. 이 때문에 부모와 갈등을 겪게 되고 결국 1889년에 혼자 미국으로 이주해 메인주 포틀랜드(Portland)에 정착했다. 그녀는 1890년 4월부터 포틀랜드 제일장로교회에 다니면서 학비를 벌기 위해 3년 동안 가정부 일을 했다. 1892년 9월에는 포틀랜드 종합병원 간호사 양성소에 입학해 공부한 후 1894년 8월에 졸업했다.[1]

간호사 양성소 졸업 당시의 안나 제이콥슨

1) "안나 P. 제이콥슨 관련 연표," 박형우 편역, 『안나 P. 제이콥슨 자료집 1866-1897』(서울: 선인, 2022), 371.

그녀는 간호사 양성소에 재학하면서 이미 선교사로 갈 마음을 굳히고 있었는데, 1893년 10월 24일에 미국 북장로회 해외선교부 뉴욕지부장인 마사 비어스(Martha H. Beers)에게 선교사 지원에 관한 내용이 담긴 편지를 보냈다.

> 하나님의 뜻이라면 해외 선교 현장에서 하나님께 제 삶을 드리는 것이 다년간 제가 가졌던 오랜 소망이었으며, 이를 염두에 두고 저는 작년 9월에 위의 간호사 양성소에 입학하게 되었고, 아직 10개월이 남았습니다.
> 저의 목사인 S. S. 콩거 목사(장로교인)는 저의 의도를 알고 해외선교본부의 스피어 씨에게 편지를 썼으며, 그는 답장을 보내어 향후의 일과 그것에 대한 준비에 대하여 필요한 모든 정보를 저에게 제공할 귀하와 논의할 것을 조언하였습니다. 귀하께서 만일 그렇게 하신다면 큰 호의를 베푸는 것이 될 것입니다.[2]

결국 1894년 5월 13일에 제이콥슨은 미국 북장로회 해외선교부에 선교사 지원 편지를 보냈고, 6월 4일에 선교사로 임명되어 임지가 한국으로 결정되었으며, 6월 22일에는 미국 시민으로 귀화했다. 그리고 1895년 3월 4일에 화이팅(Georgiana E. Whiting) 여의사와 함께 캐나다 밴쿠버를 떠나 같은 달 17일에 일본 요코하마에 도착했고, 4월 9일에 서울에 도착해 그날 오후부터 제중원에서 일을 시작했다.

---

2) "안나 P. 제이콥슨이 마사 H. 비어스에게 보낸 편지(1893년 10월 24일)," 위의 책, 24.

제이콥슨의 거처는 제중원 내의 건물로 정해졌는데, 아래 사진의 가운데 한옥 건물이 그녀의 집이다.

안나 제이콥슨의 집(1897년)
© Presbyterian Historical Society

한국에 도착한 후 제이콥슨이 처음으로 쓴 편지(1895년 7월)에서는 자신의 사역에 대해서 이렇게 썼다.

저는 이곳에 도착한 첫날 오후에 이 병원에서 일을 시작하였고, 아파서 침대에 누워 있던 하루를 제외하고 매일 일을 하고 있습니다. 저는 저의 일을 매우 즐기고 있습니다. 병원에는 20명의 환자가 있고, 저는 '어학' 공부 외에 혼자 그들을 돌보았기 때문에 하루가 너무 짧았습니다. 해야 할 일이 많이 있으며, 말은 할 수 없어도 간호사로서 한 사람이 많은 것을 할 수 있지만, 저는 언어를 모르는 한 매우 무력감을 느끼고 있습니다.

(중략)

저는 주님께서 이 직분을 주셨다고 생각하며, 주님의 봉사에 사용되기 위하여 이곳에 있는 것이 매우 기쁩니다. 힘든 일이 많이 있지만, 주님께서 우리가 그 짐을 지는 것을 도우신다는 것을 알면 그 짐이 가벼워지고 천국이 그 어느 때보다 소중하게 느껴집니다.[3]

제이콥슨은 이렇게 기쁜 마음으로 사역을 감당하고 있었지만, 그녀의 사역은 길게 이어지지 못했다. 1896년 8월에 심한 이질에 걸렸다가 회복된 후 10월 초에 제중원 사역에 복귀했지만, 10월 말에 다시 아프기 시작해 점차 병세가 악화되었다. 서울에서 사역하는 장로교와 감리교 선교사들이 적극 나서서 간호하고, 1897년 1월 7일에 간천자술을 시행받았고, 11일에는 간농양 수술을 받았지만 안타깝게도 20일에 세상을 떠났다. 장례식은 선교사들과 많은 교인들이 모인 가운데 1월 22일에 언더우드의 사택에서 거행되었으며, 한국인 교인들이 상여꾼이 되어 그녀의 관을 양화진까지 운구해 안장했다.

미국 남장로회 선교사 유진 벨(Eugene Bell)은 제이콥슨의 장례식에 대해서 이렇게 기록했다.

---

3) 이 편지는 *Woman's Work for Woman*, 1895년 10월호(282쪽)에 게재되었다. 위의 책, 155.

그가 아픈 동안 밀러 씨 댁에 있었고 거기서 죽었지만, 장례식은 집이 조금 큰 언더우드 박사의 댁에서 있었습니다. 많은 한국인들이 장례식에 왔고, 외국인 사회 인사들이 모두 참석했습니다. 간단한 조사가 영어와 한국말로 있었습니다. 한국 기독교인들이 3-4마일 되는 묘지까지 관을 메고 가고, 많은 한국인들과 선교사들이 뒤를 따랐습니다. 관을 메는 것은 매우 천한 일로 간주되어 아주 천한 상여꾼들만이 고용되는 일이라고 들었는데, 이렇게 한국 기독교인들이 관을 메고 간 것은 참으로 주목할 만한

안나 제이콥슨의 묘비(양화진외국인선교사묘원)

일입니다.[4]

1897년 2월 2일 자 「조선그리스도인회보」도 제이콥슨의 별세와 장
례 소식을 다음과 같이 전했다.

> 서울 제중원에서 병인을 치료하던 제이콥슨 부인은 근본 나
> 위국(那威國) 사람으로 미국 병원에 들어가 병 치료하는 법을 배
> 워서 거의 두 해 전에 조선에 나와 병인을 간검(看檢)하다가 우연
> 히 내종(內腫)으로 신고(辛苦)하여 서양 학문 있는 의원들이 도저
> 히 치료하여 몇 날 동안을 쾌히 차도가 있었더니 불행히 건양
> 이년 일월 이십일에 세상을 떠나매 초종범절은 교중례(敎中禮)로
> 원두우 목사 집에서 지낼 때 그때 아펜젤러 교사는 외국말로
> 외국 인민에게 연설하고 원두우 목사는 조선말로 조선 인민에
> 게 연설한 후 하나님께 찬미하고 발인할 때 조선 교우들이 다투
> 어 상여꾼 대신 메고 나가 양화진 외국 매장지에 장사하고 돌아
> 올 때 잔다리에 사는 교우들이 음식을 차려 호상군을 대접하였
> 으니 이런 부인은 살아서도 세상에서 사업을 하고 죽어서도 영
> 광이로다.[5]

4) "1897년 1월 31일, 일요일 밤, 한국 서울, 사랑하는 부모님께," 유진 벨/고영자, 이은상 역,
   『유진 벨 선교 편지(1895-1897)』(파주: 보고사, 2022), 457.
5) "서국 부인이 세상을 이별한 일이라," 「조선그리스도인회보」 1/1(1897년 2월 2일).

제이콥슨이 세상을 떠난 후 제중원 뒤쪽 언덕, 명동성당 맞은편에 집 한 채가 새로 지어졌다. 뉴욕의 여자 선교부는 제이콥슨의 사망을 애도하면서, 비위생적인 환경으로 인해 제이콥슨의 사망과 같은 일이 재발하지 않도록 여자 사택의 건축을 제안했고, 1897년 2월 15일 선교본부 실행 회의에서 건축을 결정하고 건축비로 은화 3000달러를 책정했다.[6] 서울선교지부도 제이콥슨 기념 사택 위원회를 구성하고 1899년 3월에 대지를 구매한 후 건축을 시작해 마침내 같은 해 12월 4일에 제이콥슨 기념 사택(Jacobson Memorial Home)이 완공되어 에바 필드(Eva H. Field)와 에스터 쉴즈(Esther L. Shields) 선교사가 입주했다.[7]

한국에서의 짧은 선교사역을 마친 제이콥슨은 영원한 집으로 떠나고, 그녀를 기념하는 집은 다른 여성 선교사들을 위한 안식처로 사용되었다.

---

6) "뉴욕의 여자 선교부, 한국 서울의 사택 경비를 떠맡겠다는 제안이 허가되다. 미국 북장로교회 해외선교본부 실행이사회 회의록(1897년 2월 15일)," 박형우 편역, 『안나 P. 제이콥슨 자료집 1866-1897』, 275.

7) "에스터 L. 쉴즈, 보고서, 한국-1900(1900년 8월 2일)," 박형우 편역, 『에스터 L. 쉴즈 자료집 I(1868-1911)』(서울: 연세대학교 대학출판문화원, 2016), 217.

제이콥슨 기념 사택[8]
© Princeton Theological Seminary, Moffett Korea Collection

---

8) 1905년 4월 10일에 제중원 부지와 건물을 반환하면서 제이콥슨 기념 사택을 1만 9020원에 대한제국 정부에 매각할 때까지 독신 여성 선교사 사택으로 사용했다. "병원 건물 및 기념 사택 양도 대금 수수관계서, 규23206(1905년 4월 10일)," 박형우 편역, 『안나 P. 제이콥슨 자료집 1866-1897』, 366.

02

홍정후 조사의 짧은 생애

서울 지역의 초기 장로교인 중에 홍정후(洪正厚, 1866-
1899)라는 사람이 있다. 그는 관학(館學) 유생(儒生) 출신으로 1893년 8
월에 관학 유생에게 수시로 특별한 시제(試題)를 주어 응시하게 하는
임시 과거인 응제(應製)에 합격했다.[1]

그가 언제 기독교인이 되었는지는 정확히 알 수 없지만 1892년 11
월 말에 한국인 지도자들이 참석해 마펫과 기포드의 인도로 한 달
동안 진행된 사경회에 서상륜과 함께 정동(貞洞)교회의 대표로 참석
했다. 『조선예수교장로회사기』에는 이 사경회에 관해서 이렇게 기록
했다.

---

1) 『승정원일기』 고종 30(1893)년 음 8월 30일.

경성(京城) 정동(貞洞)에서 전국(全國) 신자(信者)를 초집(招集)하여 일삭간(一朔間) 성경(聖經)을 사구(査究)하였는데, 내회자(來會者) 합(合) 십육인(十六人)이니, 경성(京城)에 서상륜(徐相崙), 홍정후(洪正厚), 의주(義州)에 한석진(韓錫晉), 송석준(宋錫俊), 구성(龜城)에 김관근(金灌根), 양전백(梁甸伯), 문화(文化)에 우종서(禹鍾瑞), 해주(海州)에 최명오(崔明梧), 장연(長淵)에 서경조(徐景祚), 자성(慈城)에 김병갑(金秉甲)이 차기교저자(此其較著者)니 후래(後來) 교회(敎會) 중(中)에 다대(多大)한 공헌(貢獻)이 유(有)하니라.[2]

1892년 12월 22일에 그레이엄 리(Graham Lee) 선교사가 미국 북장로회 해외 선교부 총무인 엘린우드(Frank F. Ellinwood)에게 보낸 편지에서도 사경회가 진행되고 있는 상황을 이렇게 언급했다.

신학반은 거의 한 달간 수업 중이며, 마포삼열 목사와 기포드 목사의 말을 들으면 이번 사경회는 아주 성공적이었다고 합니다. 그들은 참석자들이 진리에 대해서 훨씬 잘 이해했고 이전보다 더 사역을 잘 할 수 있다는 더 진실한 열심을 가지고 시골로 돌아갈 수 있다고 생각합니다. 등록부에는 약 30명의 이름이 있는데, 여기에는, 참석한 우리의 일부 어학 교사들도 포함되어 있

---

2) 차재명, 『조선예수교장로회사기(상)』(경성: 조선기독교창문사, 1928), 13. 원문은 국한문으로 혼용으로 되어 있지만, 필자가 이해를 돕기 위해 한자를 괄호 안에 넣고, 일부 수정했다.

습니다.[3]

이런 기록으로 봐서 홍정후는 1892년 이전에 기독교인이 되었고, 세례도 받았을 것으로 짐작할 수 있다. 그는 1893년 성탄절에 정동교회의 집사로 임명되었고,[4] 1895년 봄에 정동교회가 경희궁 건너편 큰 길가에 새 예배당을 건축할 때 건축위원 중 한 명으로 임명되어 매일 현장에서 목수로 일하며 건축을 독려했다.[5] 언더우드는 당시의 상황을 다음과 같이 기록했다.

양반 회원들이 겉옷을 벗고 일하는 것을 보면서 우리는 마음이 흐뭇했습니다. 그들이 삽질을 하고 땅을 파고 흙을 나르는 것을 보면서 우리 마음은 흐뭇했습니다. 우리 학교의 소년들은 적지 않은 돈을 절약하도록 만든, 적은 일꾼 부대로 공헌했습니다. 홍 집사는 거의 매일 현장에 나와서 목수 일을 했습니다. 다른 사람들은 일손을 빌려주었고, 모든 것이 형제의 마음으로 이루어졌습니다.[6]

3) "1892년 12월 22일에 그레이엄 리가 엘린우드에게 보낸 편지," 옥성득 편역, 『마포삼열 서한집 제1권』(서울: 두란노 아카데미, 2011), 347.
4) "1893년 11월 24일에 마펫이 기포드에게 보낸 서신," 위의 책, 495.
5) 정동장로교회의 새 예배당 건축위원은 언더우드, 기포드 선교사와 홍정후 집사, 이춘호 집사 등이었다. 다니엘 기포드/심현녀 역, 『조선의 풍속과 선교』(서울: 한국기독교역사연구소, 1995), 135-136; 언더우드, "전도 보고서, 1896," 이만열, 옥성득 편역, 『언더우드 자료집 II』(서울: 연세대학교 출판부, 2006), 163-164.
6) 언더우드, "전도 보고서, 1896," 위의 책, 164.

홍정후는 응제에 합격한 후 관리로 재직하면서 신앙생활을 계속한 것으로 보이는데, 1898년 3월에는 경기 관찰부 주사로 임명되었다.[7] 그는 독립협회 활동에도 적극적이었는데, 독립협회 평의원으로 활약하다가 만민공동회 개최 과정에서 1898년 11월 4일 밤에 체포되기도 했다. 그는 미국 공사 알렌(Horace N. Allen)의 항의로 석방될 상황이었지만 정식 재판을 요구해 체포된 동료들과 함께 재판을 받은 후 1898년 11월 12일에 석방되었다.[8] 그 후 11월 29일에 중추원 의관(中樞院議官)에 임명되었고,[9] 1899년 3월에 면직되었다.[10] 홍정후가 체포되었다가 풀려나는 과정에서 연못골(연동) 교회의 기도회에 참석한 후 자발적으로 다시 수감된 일화는 유명한데, 1898년 11월 29일에 에비슨이 해외 선교부의 스피어(Robert E. Speer) 총무에게 보낸 편지에서 당시의 상황을 이렇게 기록했다.

그중에 한 명인 기포드 씨 회중의 홍 집사는 미국 공사의 허가 없이 미국 부지에서 체포되었기 때문에 알렌 박사는 그의 석방을 요구하였고 그렇게 되었습니다. 그는 즉시 기포드 씨에게 가서 기

---

7) 『승정원일기』 고종 35(1898)년 3월 26일(음 3월 5일).

8) 『舊韓國外交文書』 11, 美案 2, 고종 35(1898)년 11월 7일, 문서 번호 1845; "홍씨 츙이," 「독립신문」 1898년 11월 11일; "션고 방이," 「독립신문」 1898년 11월 12일. 이상재, 홍정후, 남궁억, 정교 등 17명에 대한 판결 선고서에 의하면 당시 홍정후의 거주지는 한성부 동서(東署) 이현(梨峴)이며, 황성 신문사 보고원에 나이는 32세로 적혀 있다. "사법-판결 선고서," 「관보」 1105호(광무 2(1898)년 11월 14일), 32.

9) 『승정원일기』 고종 35(1898)년 11월 29일(음 10월 16일).

10) 『승정원일기』 고종 36(1899)년 3월 24일(음 2월 13일).

도회에 참석하고, 가족을 만나기 위해 집으로 갔다가 형식상 자류롭기보다는 동료들과 운명을 함께하기 위해 자발적으로 감옥으로 돌아가 당국에 자수하였습니다.[11]

홍정후는 기포드(Daniel L. Gifford) 선교사가 1895년 10월 이후부터 연못골교회를 담당하게 되자 그의 조사(助事)로 동역하게 되었다. 그리고 기포드 선교사가 안식년으로 미국에 가 있는 동안(1896년 11월-1898년 10월)에는 베어드(William M. Baird), 빈턴(Cadwallader C. Vinton) 선교사와 함께 연못골교회를 돌봤다.

당시 「그리스도신문」에는 서울 지역 장로교회의 예배 상황을 미리 알려 주는 "각처 례비 절추"가 1897년 12월 2일부터 게재되기 시작했는데,[12] 1897년 12월부터 1899년 1월 초까지 연못골교회의 주일 예배 설교자를 살펴보면 다음과 같다.

---

11) "올리버 R. 에비슨이 로버트 E. 스피어에게 보낸 편지(1898년 11월 29일)," 박형우 편역, 『올리버 R. 에비슨 자료집 Ⅲ, 1895-1898』(서울: 선인, 2020), 754-755. 에비슨은 1940년에 쓴 자신의 회고록에서 이 사건을 기록하면서 '이 씨 청년'으로 기록했는데, 이는 기억의 오류로 보인다. 당시 기포드 선교사의 조사는 홍정후였다. 에비슨은 '이 씨'가 한강에서 배가 전복되는 사고를 당하여 익사했다고 기록했는데, 이것은 홍정후가 1899년에 익사한 사건을 말하는 것이다. 올리버 R. 에비슨/황용수 역/장의식 편, 『고종의 서양인 전의 에비슨 박사의 눈에 비친 구한말 40여 년의 풍경』(경산: 대구대학교 출판부, 2006), 504-506.

12) "각처 례비 절추," 「그리스도신문」 1897년 12월 2일. "각처 례비 절추"에는 새문안교회, 홍문동교회, 연동교회, 곤당골교회, 인성부재 예배 처소, 모화관 예배 처소의 주일 예배 시간과 설교자, 성경 강론회의 시간 및 장소, 저녁 예배 시간과 장소 등을 공지했다.

연못골교회 주일 예배 설교자[13]

날짜	설교자
1897년 12월 5일, 19일	홍정후
12월 26일	빈턴
1898년 1월 2일	빈턴
1월 9일	홍정후
1월 16일, 23일	빈턴
1월 30일-2월 27일	홍정후
3월 6일-5월 22일	빈턴
10월 23일-1899년 1월 1일	빈턴

"각쳐 례비 졀츠"에 의하면 조사 홍정후는 빈턴 선교사와 함께 주일 예배를 인도하는 것뿐만 아니라 설교도 한 것을 알 수 있다.

홍정후는 연못골교회의 조사로 사역하면서, 1899년 봄에는 수륜회사(水輪會社)를 설립하고 고양군 행주 한강 변에서 무자위(물을 높은 곳으로 퍼 올리는 기계) 설치 사업을 시작해 일본에서 기계를 수입하는 일도 진행했는데, 안타깝게도 1899년 12월 14일 행주에서 배가 전복되는 사고로 별세했다.[14] 홍정후와 부인 한메리 사이에 딸 홍애시덕(洪愛施德, 에스더, 1892-1975)이 있는데, 홍애시덕은 이화학당 중등과와 대학과를 졸업하고 미국 스카릿대학(Scarritt College)을 졸업했다. 그는 조선

---

13) 1897년 12월 2일부터 1898년 12월 29일까지의 「그리스도신문」을 참고했는데, "각쳐 례비 졀츠"가 게재되지 않은 날짜도 있다.

14) "조혼 수업,"「독립신문」1899년 5월 30일; "수륜지리(水輪之利),"「황성신문」1899년 12월 8일; "홍 씨 익사,"「황성신문」1899년 12월 18일.

여자기독교청년회(YWCA) 초대 부회장, 조선여자기독교절제회 초대 회장, 근우회 집행위원, 기독교조선감리회 여선교회 초대 회장 등을 역임하며 감리교 여성 지도자와 독립운동가로 활동했다. 『연동교회 세례교인 명부』에 1898년에 세례받은 양 소사(召史)라는 여성이 나오는데, 홍정후의 장모라고 기록했다. 거주지는 경기도 남양(南陽), 현재 화성 지역이고 명부를 개정한 1910년 기준으로 63세였다.[15] 당시 결혼 후 혼자된 여성을 점잖게 소사라고 부르는 경우가 많았으므로 홍정후가 혼자 사는 장모를 전도해 1898년에 세례를 받게 한 것으로 생각되며, 홍정후가 세상을 떠난 후에도 그의 장모는 1910년까지 생존한 것을 알 수 있다.

---

15) 연동교회 편, 『蓮洞敎會洗禮敎人名簿: 1896-1911』(서울: 연동교회, 2001), 12.

03

풀턴 기포드 여사와 한국

풀턴 기포드(Mrs. Fulton Gifford(Mary Lyman Whitney), 1838-1917) 여사는 기포드(1861-1900) 선교사의 어머니다. 1888년 3월에 미국 북장로회 소속 선교사로 내한해 활동하던 기포드 선교사는 1898년 10월 5일에 아버지 풀턴 기포드(Fulton Gifford, 1833-1898)가 별세한 후[1] 혼자 지내던 어머니를 한국으로 초청했다. 기포드 여사는 아들의 요청을 받아들여 홀로 태평양을 건너 한국에 왔다. 그때 나이가 이미 60세가 넘었다.[2]

하지만 기포드 여사가 아들, 며느리와 함께 보낸 시간은 길지 않았

---

1) "Fulton Gifford," Find a Grave. https://www.findagrave.com/memorial/109634460/fulton-gifford. [2025년 10월 7일 접속].

2) 풀턴 기포드 여사가 한국에 온 시기를 정확히 알 수 없지만 대략 1898년 말이나 1899년 초로 추정할 수 있다.

다. 기포드는 1900년 봄에 경기도 남부 지역 순회 전도 여행 중 이질에 걸려 서울로 후송되었지만 회복하지 못하고 4월 10일에 세상을 떠났다. 기포드의 부인 메리 헤이든(Mary E. Hayden, 1857-1900)도 건강이 좋지 않아 치료를 받고 있었는데, 남편의 별세 소식에 충격을 받고 5월 5일에 세상을 떠났다.

기포드 부부(1899년)[3]
© Princeton Theological Seminary, Moffett Korea Collection

---

3) 기포드 부부의 사진은 일본인 무라카미 코지로(村上幸次郞)가 1895년 남산 주동(鑄洞)에 개설한 생영관(生影館)이라는 사진관에서 촬영한 것이다.

아들과 며느리를 한꺼번에 잃은 기포드 여사는 믿음으로 슬픔을 달래며 한국에 남아서 봉사하기로 결심했다. 기포드 여사는 인성붓재에[4] 거주하면서 주로 제중원에서 봉사했는데, 세탁과 침구 및 병상 관리를 담당했다.[5] 당시 연동(蓮洞) 여학교의 교장으로 사역하고 있던 수잔 도티(Susan A. Doty)는 기포드 여사의 열정 어린 활동에 관해서 이렇게 소개하고 있다.

풀턴 기포드 부인은 병원에서 감독의 일에 모든 열정을 쏟아부었습니다. 그녀는 그곳에서 약 4분의 3마일 떨어진 곳에 살고 있지만, 자신의 집을 돌보는 것 외에도 아침 9시경에 병원에 도착하며, 저녁 3시에서 5시가 될 때까지 어느 곳에도 가지 않으며, 걸어 다닙니다.

그녀는 밤에 어학 선생과 함께 한국어를 공부하고 있습니다. 병원에서 그녀는 의사에게 큰 도움과 만족이 됨을 증명하고 있으며, 그녀의 업무 분야의 표준을 높이는 데 돕고 있습니다. 그녀는

---

4) 중구 인현동 2가와 예관동 사이에 있던 고개로서, 선조의 일곱째 아들인 인성군(仁城君) 공(珙, 1588-1628)의 저택이 있던 데서 유래된 이름이다. 인성현(仁城峴), 인현(仁峴)이라고도 불렀으며, 인현동의 유래가 되었다.

5) Oliver R. Avison, "Next to Godliness," *The Korea Field* 4 (Aug. 1902), 58. 에비슨은 기포드 여사가 더 높은 수준의 병원이 필요하다는 것을 끊임없이 강조했다고 증언했다. 이것은 당시 제중원의 이전, 확장에 대한 선교사들의 논쟁과 관련이 있는데, 실제로 기포드 여사는 1902년 4월 23일에 선교본부의 엘린우드 총무에게 보낸 편지에서 모든 방면에서 병원 업무를 위한 경비를 절감하려는 목회 선교사들의 계획에 대하여 그들이 큰 실수를 범하고 있다고 염려했다. "Mary L. Gifford, Letter to Frank F. Ellinwood(Apr. 23rd, 1902)," 박형우 편역, 『올리버 R. 에비슨 자료집 V. 1902-1904』(서울: 선인, 2022), 76-77.

청년 성경 강습반을 갖고 있으며, 집 근처에서 열리는 주일 저녁 모임에 참석하며, 에비슨 박사의 병원 조수들에게 영어를 강의하고 있습니다.

그녀는 좋아 보이며, 항상 행복하고 명랑하며, 적극적인 활동의 특권에 대하여 너무 감사해합니다. 바쁜 삶 속에서 그녀를 많이 볼 수는 없지만 그녀는 우리에게 기쁨이자 축복이라는 말을 덧붙일 필요는 없습니다.[6]

어쩌면 슬픔을 달래기 위해, 그리고 아들과 며느리의 사역을 대신하는 마음으로 기포드 여사는 더욱 열심히 하루하루 자신에게 주어진 일을 감당했을 것이다. 그렇게 1902년 6월까지 봉사한 후에 한국을 떠났다. 그녀가 살던 인성붓재의 집은 웰본(Arthur G. Welbon) 선교사 부부가 매입해 살게 되었고, 선교사들은 미국으로 돌아가는 기포드 여사를 위해 1902년 6월 25일에 에비슨 선교사의 집에서 송별회를 열어 주었다.[7] 선교사들은 기포드 여사가 한국에 다시 와서 함께 사역할 수 있기를 원했다. 밀러(Frederick S. Miller) 선교사는 선교본부의 엘린우드 총무에게 보낸 편지에 "우리는 1년 정도 후에 그녀를 한국으로 맞이할 수 있기를 바라고 있다."라고 썼다.[8] 에비슨 여사도 1902년

---

6) "수잔 A. 도티가 프랭크 F. 엘린우드에게 보낸 편지(1902년 1월 31일)," 위의 책, 19.

7) 프리실라 웰본 에비/문선회, 강현희, 김현수 역/김현수 편, 「아서 한국에 가다: 아서 웰본의 초기 삶과 내한 초창기 선교사역, 1900-1902」(콜로라도 스프링스: 에스더재단, 2010), 209.

8) "Frederick S. Miller, Letter to Frank F. Ellinwood(June 18th, 1902)," 박형우 편역, 『올리버 R. 에비슨 자료집 V. 1902-1904』, 162.

6월 30일에 쓴 연례보고서에서 이렇게 기록했다.

> 기포드 부인은 우리에게 큰 축복이자 위로가 되었습니다. 그녀
> 는 매우 충실했고, 어려움 속에서도 쾌활했으며, 항상 같은 다정
> 하고 행복한 얼굴로 모든 것에 최선을 다해서 해냈기 때문에 그
> 녀 곁에 있는 모든 사람을 기분 좋게 만들었습니다. 저는 매일 그
> 녀를 보았기 때문에 누구보다 그녀가 그리울 것 같습니다. 그녀
> 가 한국으로 돌아오기를 바라며, 꼭 돌아올 거라고 믿습니다.[9]

그러나 기포드 여사는 한국으로 돌아오지 못했다. 아마도 은퇴할
나이가 가까웠으므로 정식 선교사로 파송받는 일이 어려웠을 것이
다. 그녀는 펜실베이니아주 필라델피아(Philadelphia)에서 노년을 보내
다가 1917년 8월 17일에 별세한 후 일리노이주 멘도타(Mendota)의 레
스트랜드(Restland) 묘지에 있는 남편의 묘 곁에 묻혔다.[10]

1902년 2월 27일 자 「그리스도신문」에는 기포드 여사의 사연과 한
국에서 활동을 알려 주는 기사가 실렸는데, 그 전문(全文)을 소개한다.

> 대한 경성 인성붓재 홀로 계신 노(老)부인은 지금 나이 육십여
> 세라. 본래 미국 북장로회 장로의 부인이요, 경성 연동에 계시던

---

9) "Annual Report of Mrs O. R. Avison's Work, July 1, 1901 to June 30, 1902(June 30th, 1902)," 위의 책, 345.

10) "Mary Lyman Whitney," Find a Grave. https://www.findagrave.com/memorial/212643218/mary-whitney. [2025년 10월 7일 접속].

기포 목사의 모친이시라. 주를 믿는 마음이 독실하여 본국에 계실 때에도 회당에 모이는 여러 부인들을 하나님의 도로서 가르치더니, 오호라 세월이 여류하고 광음이 신속하매 사람의 생명이 안개 같도다. 기포 목사의 부친이 장로 직분으로 있은 지 수십 년에 나이 육십여 세라. 천명이 다하매 하나님의 부르심을 입어 거연히 세상을 떠나 본향으로 돌아가시니 이때 기포 목사의 내외는 대한 경성에 있은지라. 노부인이 그 아들을 보지 못하매 마음은 비록 섭섭하나 주의 일을 생각하면 도로 감사한지라. 영화를 하나님께 돌리고 다만 전보로 부음을 통할 뿐이더니 그 아들이 모친의 신세가 혈혈함을 생각하매 본국으로 돌아갈 마음은 있으나 이미 몸을 하나님께 드렸으매 주의 일을 위하여 돌아가지 못하고 다만 편지를 부쳐 쉬이 대한으로 나아오시기를 바라나이다 하였더니, 노부인께서 그 아들의 편지를 보시고 이에 하나님께 감사하고 대강 행장을 수습하여 가지고 길을 떠나니 이때는 주 강생(降生) 1898년 추(秋) 8월이라.[11]

항구에 나아와 배를 타고 동양을 바라보니 망망대해에 금풍(金風)[12]이 소슬하여 사람의 심회를 돕는 듯하나 그러나 믿는 마음이 견실하매 어찌 세상 물정을 좇아 비회를 두리오. 기도하는 마

---

11) 메리 기포드 부인이 1898년 8월에 한국에 왔다는 내용은 사실과 다르다. 남편인 풀턴 기포드가 1898년 10월 5일에 별세했으므로 그 이후에 내한했을 것으로 짐작되는데, 정확한 내한 날짜를 확인할 수 있는 자료를 찾지 못했다.

12) 가을바람을 빗대어 이르는 말로, 동양에서 우주 만물을 이루는 다섯 가지 요소, 즉 금(金), 수(水), 목(木), 화(火), 토(土)의 오행(五行) 중에 금이 가을을 상징했다.

음으로 영혼 육신을 다 하나님께 드리매 하나님의 은혜와 구주의 사랑하심과 성신의 위로하심을 입어 기쁘고 화평한 마음으로 대한에 득달하니 기포 목사 내외가 인천항에 나아가 영접하여 돌아와서 극진히 봉양하더니, 오호라 사람의 생사를 누가 능히 알리오. 주 강생 1899년 춘(春)에[13] 기포 목사의 내외가 다 세상을 떠나니 이 노부인의 신세를 세정으로 말하면 과독(寡獨)을[14] 겸하였으매 때때로 눈물과 한숨으로 세월을 보내련만 다 하나님의 작정하신 뜻인 줄 알고 화평한 마음으로 지내며 더욱 주의 일을 위하여 본 회당에 쓰는 나무와 자리를 자당(自當, 스스로 부담)하며, 교중(敎中)에 늙은이와 병든 자와 환란 받은 자를 구제하며 또한 교 밖의 가난한 여인들이 종종 와서 구제하기를 청하매 불쌍히 여기는 마음으로 일일이 시행하며 빈궁한 여인의 집을 찾아가서 보고 구제도 하며 또 영어 학도들에게 국한문 성경을 나누어 주고 밤이면 성경을 영어로 가르치니 이를 보건대 주의 일에는 남녀노소가 없음을 알 것이요, 이런 믿음은 행하는 믿음이니 참으로 산 믿음이라 할지로다.[15]

---

13) 기포드 부부의 별세 연도를 잘못 기록했다. 기포드와 부인은 1899년 봄이 아니라 1900년 4월 10일과 5월 5일에 세상을 떠났다.
14) 홀어머니 신세에 늙어 자식까지 없음을 의미함.
15) "로부인의 힝젹,"「그리스도신문」1902년 2월 27일. 필자가 이해를 돕기 위해 현대어로 고치고 본문에 없는 일부 한자를 괄호 안에 넣거나 각주를 추가했다.

04

무어 선교사의
고종황제 알현 요청 편지 사건

사무엘 무어(Samuel F. Moore, 모삼율牟三栗, 모삼열牟三
悅, 1860-1906) 선교사는 여러모로 열정이 넘치는 선교사였다. 그는 미
국 북장로회 파송 선교사로 1892년 9월에 한국에 도착한 후, 한국어
를 배운 지 6개월 만에 능숙하게 기도해 동료 선교사를 놀라게 했다.
구리개 제중원과 가까운 곤당골에서 전도를 시작해 1893년 2월 5일
부터 곤당골의 '학교 건물'에서 교회를 시작했으며,[1] 나중에는 박성춘
(朴成春)을 비롯한 백정을 전도해 세례를 주었다. 그는 양반들의 반대

---

1) 1887년 10월경에 언더우드의 주도로 미국 북장로회 한국선교회가 구매한 '학교 건물'을
   1893년 초부터 사택으로 사용하기 시작한 무어와 스왈른은 1893년 2월 5일 오후에 이 집
   에서 한국인들과 함께 처음으로 주일 예배를 드리면서 곤당골교회를 시작했다. "1887년
   10월 1일에 헤론이 엘린우드에게 보낸 편지," 박형우 편역, 『존 W. 헤론 자료집 II 1887-
   1890』(서울: 선인, 2017), 82; "Mrs. Swallen to Jennie, Feb. 5, 1893," *Letters of Mrs. W. L.
   Swallen, Missionary to Korea from 1892 to 1941*.

에도 굴하지 않고 양반과 백정들이 같은 예배당에서 예배하도록 했으며, 백정해방운동도 적극적으로 후원했다. 그의 남다른 열정은 때로는 오해를 받기도 했고, 다른 선교사들과 갈등을 일으키기도 했다.

그가 1900년 3월 9일에 고종 황제에게 편지를 보낸 일도 파격적인 사건이었는데, 이 일은 동료 선교사들뿐 아니라 주한 미국 공사 알렌까지 난처하게 만든 사건이었다. 이 사건에 대해 당시뿐 아니라 후대에도 다양한 평가가 있으며, 무어의 선교 신학에 대한 평가와 연구도 있다.[2]

무어는 한국 우편을 이용해 고종 황제에게 편지를 보냈는데, 이 편지와 동봉한 자료들은 현재 미국 국립문서보관청(National Archives and Records Administration, NARA)에 고스란히 보관되어 있어서, 그 모습과 내용을 확인할 수 있다.[3]

봉투에는 "대황뎨 폐하의 덕월노 입납(대황제 폐하의 대궐로 입납), Forward to the Palace of His Majesty the great Emperor, The Emperor of Korea, City-"라고 쓰여 있다.

---

2) 무어 선교사의 파격적인 선교 활동과 선교 신학에 관해서는 다음 연구를 참고하라. 옥성득, "무어의 복음주의 선교 신학: 불상 파괴 사건과 황제 알현 요청 서신 사건을 중심으로," 「한국기독교와 역사」 제19호(2003.8), 31-76.

3) RG 84, Records of the Foreign Service Posts of the Department of State, 1788-1964, Miscellaneous Received, Jan-Oct 1900, Box 19. 미국 국립문서보관청(NARA) 문서는 현재 국립중앙도서관 디지털 컬렉션(해외 한국 관련 자료)과 국사편찬위원회 전자 사료관(국외 수집자료)을 통해서 볼 수 있다.

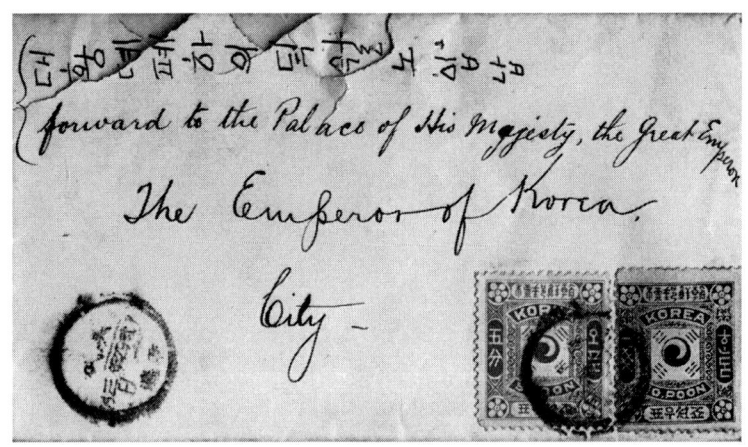

무어의 편지봉투
© NARA

봉투 안에는 짧은 내용의 편지와 무어의 명함, 한글로 된 소책자를 넣었다. 편지에는 "대황제 폐하께옵서 보시옵시사, 천지를 만드신 하나님의 기별하신 말씀, 나, 미국인 모삼율에게 있으니 여러 대신 무리로 더불어 자세히 들으실 생각이 계시거든 부르시기를 바라옵나이다. 양 삼월 구일 모삼율 경상, 대황제 폐하의 대궐로 입납"이라고 썼다.

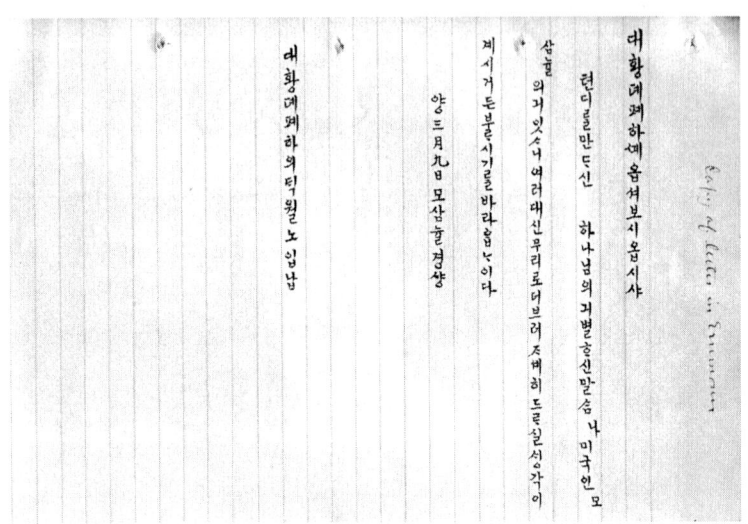

무어의 편지
© NARA

필자가 궁금하게 생각했던 것은, "무어 선교사가 편지와 함께 보낸 전도 책자나 전도지가 어떤 것이었을까?" 하는 것이었는데, 그 전도지도 확인할 수 있다. "춤신을 공경ㅎ고 헛신을 위ㅎ지 말난 강론 (참된 신을 공경하고 헛된 신을 위하지 말라는 강론)"이라는 제목의 전도지는 전체 4장으로 되어 있다. 그 내용을 현대어로 고쳐 소개하면 다음과 같다.

천하 사람이 마땅히 위할 바 참된 신과 헛된 신이 크게 분간이 있으니, 첫째는, 거짓 신은 여럿이 있고 참된 신은 하나뿐이신데, 천부라도 일컫고 혹 상주라, 하나님이라 일컫되 헛된 신은 절에 있는 부처와 묘에 있는 관공과[4] 당집에 있는 화상과 집에 있는 터주[5]와 걸립[6]과 여러 가지 같은 것이오. 둘째는, 헛된 신은 다 형상이 있어 눈으로 보거니와 참된 신은 하늘이 아니시라, 지극히 신령하사 눈에 보이지 않고, 마음으로만 믿음이오. 셋째는, 헛된 신은 다 시작이 있어 다 몇 살 먹은 것이로되 참된 신은 나심이 도무지 없으시고, 영원부터 영원까지 자연히 계심이오. 넷째는, 헛된 신은 다 사람의 손으로 만들어 놓은 것이로되 참된 신은 그렇지 아니하여 만듦을 입지 아니하시고 도리어 사람과 천지와 만물을 조성하신 신이시니 가장 능하시고 가장 총명하사 알지 못하시는 바가 하나도 없으시니라.

대한 사람들이 항상 하는 말이 하나님을 모르는 사람이 어디 있으리오 하고 우리가 다 공경한다고 하되 참 공경은 못하고 헛공경만 하느니라. 헛된 것이 세 가지가 있으니, 첫째는, 나 밖에 다른 신이 네게 있게 말라 하나님이 하신 계명을 거스르고 하나님이 미워하시는 귀신을 위함이오. 둘째는, 악한 행실을 고치지 않고 그대로 하면서 공경함이오. 셋째는, 하나님이 큰 은혜를 베푸사 그 독생자 예수 그리스도를 세상에 보내사 만민의 죄를 대신하여 죽으시고 사흘 만에 다시 살아나 무덤 속에서 나아와 여

---

4) 관공(關公)은 중국 삼국시대 촉한(蜀漢)의 장수 관우(關羽)를 이르는 것으로, 조선에서도 그를 숭상하여 사당을 만들고 관왕묘(關王廟)라고 했다.
5) 집터를 지키는 신으로, 터주대감, 토주대신, 후토주임, 대주라고도 한다.
6) 걸립신(乞粒神)을 말하며, 계면신이라고 한다. 잡곡 따위를 구걸하는 신으로, 각설이나 시주승 등의 잡신(雜神) 패거리로서 무당신이며, 잡귀 잡신이다.

러 제자에게 나타내신 후에 하늘에 올라가셨으니 무론 누구든지 예수를 믿는 자는 망함을 면하고 영생을 얻으리라 훈령하셨는데, 공로가 없고 죄 있는 사람들이 죄를 대속하신 구세주 예수를 믿지 않고 하나님을 공경하는 것이 헛것이라. 이 말씀을 본 후라도 하나님의 훈령을 듣기 전처럼 귀신을 위하고 이 말씀을 믿지 아니하면 불효와 역적과 음행하는 죄보다 더욱 무거운 죄를 하나님께 얻느니라. 죄의 값은 죽는 것인데, 육신만 죽는 것이 아니라, 이 세상을 지낸 후에 영혼이 지옥 불 속으로 들어가 한량없는 고생을 받을 것이라. 관원에게 잡혀 우리와 같은 사람에게 잠시 동안 벌을 받는 것도 무섭다고 하거든 하물며 전능하신 하나님에게 한없이 형벌 받는 것이 얼마나 어려우리오.

우리 전하는 도는 회개하여 죄를 사하는 도라. 예수의 도를 하려면 가만히 앉아서 책만 볼 것이 아니라, 무식한 사람이라도 무슨 생애든지 부지런히 하면서 마음으로 믿고 거룩한 행실을 하며 조석으로 성경을 보고 전에 잘못한 것을 깨닫고 헛된 신을 버리고 성심으로 빌어 가로되, 천지를 만드신 전능하신 하나님이여, 나 같은 죄인을 불쌍히 여기사 태산 같은 죄를 용서하여 주시옵고, 마음을 새롭게 하여 깨끗하고 온전한 사람이 되게 하여 주시옵소서. 세상에 있을 동안에 하늘 아버님 자식이 되어 죽은 후에 하늘나라에 올라가 영원한 복락을 누리게 하여 주옵소서. 이렇게 비옵기는 저를 위하여 돌아가신 구세주 예수 그리스도의 이름으로 구하옵나이다. 구할지어다. 또한 구세교회나 예수교회라 써 붙인 가까운 회당으로 찾아가 형제 무리가 되기를 바라옵나이다.

　무어가 고종 황제에게 보낸 편지는 궁내부(宮內府)의 외국인 고문(찬
의관[贊議官]) 윌리엄 샌즈(William F. Sands)가[7] 접수해 1909년 3월 13일
에 주한 미국 공사 알렌에게 반환했다. 샌즈는 "이런 방식으로 알현을
요청하는 것은 매우 이례적이므로, 무어 씨의 편지를 그에게 돌려주
기 바란다."[8]라고 했지만 알렌은 무어의 편지를 그에게 돌려주지 않고
증거물로 확보해 둔 까닭에 결국 미국 국립문서관리청의 외교문서 속
에 남아 있게 되었다.
　알렌은 무어의 편지 사건에 대해 매우 강경하게 대처했다. 사실 무
어는 1899년 12월 26일에 알렌에게 고종 황제를 만나 전도하고 싶다
는 편지를 보냈고, 알렌은 그 요청이 불가능하다는 답장을 보낸 일이

---

7) 윌리엄 프랭클린 샌즈(1874-1946)는 미국 워싱턴 DC에서 태어났으며, 워싱턴대학교를 졸업
한 후 1896년부터 국무부에서 일하기 시작했다. 도쿄의 주일 미국공사관 2등 서기관을 지
내고 1898년 1월에 주한 미국공사관의 1등 서기관으로 파견되어 일하다가 알렌의 추천으
로 1900년 1월 15일에 대한제국 궁내부 찬의관, 법규 교정소 의정관(法規校正所議定官), 2월
24일에 외부 고문관 서리, 12월 28일에 예식원(禮式院) 찬무(贊務)로 임용되어 1904년까지
재직했으며, 한국 이름은 산도(山島)라고 했다. 1902년에 훈3등 태극장을 하사받았다. 1905
년 이후 미 국무부로 귀환하여 파나마, 과테말라, 멕시코 등지에서 미국 공사로 재직했다.
그는 1930년에 대한제국에서의 경험을 기록한 『조선비망록(Undiplomatic Memories)』을 출
간했다. 『고종실록』 고종 37(1900)년 1월 15일; 2월 24일; 12월 28일; 고종 39(1902)년 4월 27
일; 김현숙, "대한제국기 궁내부 고문관 샌즈(W. F. Sands)의 개혁론과 중립화안의 성격,"
「역사와 담론」 제51집(2008.12), 69-103; 박성진, "구한말(舊韓末) 고문관(顧問官) 샌즈(William
F. Sands: 山島)에 관한 연구," 「정치논총」 34(1999), 109-135.

8) William F. Sands, Letter to Horace N. Allen(Mar. 13, 1900).

있어서[9] 무어가 일방적으로 고종 황제에게 편지를 보낸 일에 대해 알렌은 더 불쾌하게 생각했을 가능성이 높다.

알렌은 샌즈의 편지를 받은 그날에 바로 무어에게 편지를 보냈는데, "당신이 정규 사역에 만족하지 못하고, 나를 곤란하게 할 뿐만 아니라 당신이 맡은 사역과 동료 모두에게 해를 끼치는 방식으로 계속해서 눈에 띄게 행동하고 있다는 점에 대해 유감스럽게 생각한다."라고 하면서 황제를 알현하려는 시도와 서울의 공공도로에서 군중을 모으는 행동, 토착 신앙과 관습에 대한 어떠한 폭력적인 간섭도 하지 않겠다고 서면으로 약속하라고 요구했다.[10] 또한 알렌은 미국 북장로회 해외선교부와 한국선교회, 서울선교지부에도 무어의 행동에 대한 제재를 요청했다.[11]

무어는 알렌에게 편지를 보내서 자신의 행동에 대한 설명과 오해에 대한 변명, 미국 시민으로서 갖는 자유에 대한 권리 등을 피력했지만, 결국 고종 황제에게 편지를 보낸 사건으로 물의를 일으킨 것과 자신의 무례한 태도 등에 대해 사과했으며,[12] 1900년 9월에 열린 미국 북

9) Samuel F. Moore, Letter to Horace N. Allen(Dec. 26, 1899); Horace N. Allen, Letter to Samuel F. Moore(Dec. 26, 1899).

10) Horace N. Allen, Letter to Samuel F. Moore(Mar. 13, 1900).

11) Horace N. Allen, Dispatch to the Secretary of the Presbyterian Mission, Seoul, No. 226 Misc(Mar. 15, 1900); Horace N. Allen, Letter to Frank F. Ellinwood(Mar. 15, 1900); Horace N. Allen, Letter to Frank F. Ellinwood(Mar. 18, 1900); Horace N. Allen, Letter to James S. Gale(Aug. 17, 1900); Horace N. Allen, Letter to James S. Gale(Sept. 5, 1900).

12) Samuel F. Moore, Letter to Horace N. Allen(Mar. 14, 1900); Samuel F. Moore, Letter to Horace N. Allen(Aug. 14, 1900); Samuel F. Moore, Letter to Horace N. Allen(Sept. 5, 1900).

장로회 한국선교회 연례 회의에도 미국 정부의 모든 명령을 따르겠다
고 약속하는 진술서를 제출했다.[13]

한국선교회도 이 사건에 대한 조사위원회를 조직하고 게일(James S.
Gale), 휘트모어(Norman C. Whittemore), 베어드를 위원으로 임명해 조
사한 후 보고서를 채택했는데, 보고서에는 모든 수단을 동원해 각 선
교사가 문자적 의미와 정신적 의미 모두에 부합하게 법을 준수하고,
현장의 공식 대표에게 인정받을 수 있는 행동 방침을 따르도록 보장
할 것을 약속한다는 것과 무어 선교사는 자신의 의견과 상관없이 대
표의 모든 지시를 따르고 한국에 거주하는 미국인으로서 행동할 것
을 약속한다는 내용이 포함되었다. 이 보고서를 해외 선교부의 엘린
우드 총무와 알렌 공사에게도 보냈다.[14]

이렇게 무어의 편지 사건은 공식적으로 마무리되었지만, 무어와 알
렌 사이의 상대방에 대한 부정적인 감정과 인식은 오래 지속되었던
것 같다. 무어는 1901년 2월 14일에 엘린우드 총무에게 보낸 편지에
서 알렌에 대한 자신의 감정을 이렇게 말했다.

> 저는 그가 그와 같은 지위에 있는 사람으로 저와 같은 처지에
> 있는 사람을 파멸시키기 위해 할 수 있는 모든 것을 다 했다고 생
> 각합니다. 그리고 저는 이전에는 누군가를 진심으로 미워하는 것

---

13) "새뮤얼 F. 무어(서울), 미국 공사와의 서신 왕래에 대하여(1900년 9월)," 박형우 편역, 『호러
스 N. 알렌 자료집 VI. 1897-1901』(서울: 선인, 2025), 493.

14) James S. Gale, Norman C. Whittemore, William M. Baird, Letter to Frank F.
Ellinwood(Sept. 22, 1900); James S. Gale, Letter to Horace N. Allen(Sept. 24, 1900).

이 어떤 것인지 전혀 몰랐습니다. 저는 사람의 마음이 그렇게까지 끓어오를 수 있다는 것을 몰랐습니다.[15]

이에 대해 엘린우드는 "이 사건의 장단점을 따지기는 어렵지만, 당신 자신을 위해서라도 당신의 설명에서 매우 심각한 적개심을 없애는 것이 바람직하다고 제안하고 싶습니다. 우리는 그러한 감정을 품고 있을 여유가 없습니다. 왜냐하면 그러한 감정은 우리를 괴롭힐 뿐만 아니라 우리의 영적인 삶을 왜곡하고 훼손하기 때문입니다."라고 조언했으며,[16] 무어는 1901년 7월 11일 편지에서 "다행히도 제가 알렌 박사에게 느꼈던 그 끔찍한 감정은 단 몇 주 동안만 지속되었고, 그 감정의 폭풍은 오래전에 지나갔다."라고 얘기했다.[17]

무어에 대한 알렌의 부정적인 인식은 더 오래 지속되었다. 그는 1908년에 *Things Korean*을 출판했는데,[18] 그 책에서 상식과 우수한 정신적 자질을 융화시키고 있는 대부분의 선교사 중 예외적인 인물로, 불교 사찰에서 불상을 지팡이로 파괴한 사건과 고종 황제에게 전도 편지를 보낸 사건을 일으킨 선교사에 대해 기록하고 있다.[19] 무어

---

15) Samuel F. Moore, Letter to Frank F. Ellinwood(Feb. 14, 1901).

16) Frank F. Ellinwood, Letter to Samuel F. Moore(May. 4, 1901).

17) Samuel F. Moore, Letter to Frank F. Ellinwood(July. 11, 1901).

18) Horace N. Allen, *Things Korean: A Collection of Sketches and Anecdotes Missionary and Diplomatic*, New York: Fleming H. Revell Co., 1908; 신복룡 역, 『한말 외국인 기록 04: 조선 견문기/전환기의 조선/한국 독립운동의 진상 (개정판)』(서울: 집문당, 2019), 1-239.

19) 신복룡 역, 『한말 외국인 기록 04: 조선 견문기/전환기의 조선/한국 독립운동의 진상 (개정판)』, 157.

가 1906년 12월에 장티푸스로 사망한 지 2년이 지났지만, 알렌은 그를 상식과 자질이 부족한 선교사로 기억하고 있었다. 다만 그는 책에서 무어의 이름을 언급하지 않는 것으로 최소한의 배려를 했다.

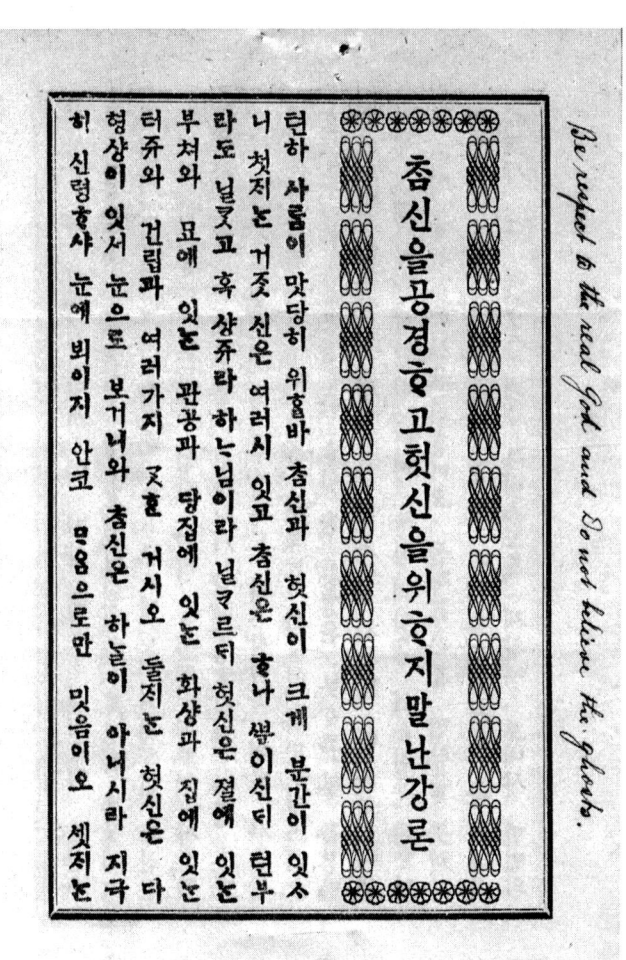

전도지 1 ⓒ NARA

전도지 2 ⓒ NARA

죄를 디신ᄒ야 죽으시고 사흘만에 다시 살아나 무덤 속으로

나아와 여러 데즈의게 나타내신 후에 하늘에 올나 가셧스니

무론 누구던지 예수를 밋ᄂ 쟈ᄂ 맘물을 면ᄒ고 영성을 엇으

리라 훈령 ᄒ셧ᄂ디 공물가 업고 죄 잇ᄂ 사룸들이 죄를 디쇽ᄒ신

구세쥬 예수를 밋지 안코 하ᄂ님을 공경ᄒᄂ 거시 헛거시라

이 말숨을 분후라도 하ᄂ님의 훈령을 듯기젼 처럼 귀신을

위ᄒ고 이 말숨을 밋지 아니ᄒ면 불효와 역격과 음힝ᄒᄂ 죄

보다 더욱 무거온 죄를 하ᄂ님씌 엇ᄂ니라 죄 갑슨 죽ᄂ것

인디 육신만 죽ᄂ 거이 아니라 이 셰상을 지낸 후에 령혼이

디옥 불속에 드러가 한량 업ᄂ 고성을 밧을거시라 관원의게

잡히여 우리와 굿흘 사룸의게 잠시 동안 벌 밧ᄂ것도 무셥다

흥거던 흠을신 하ᄂ님의게 한업시 형벌 밧ᄂ거시

얼마나 어려오리오 우리 젼ᄒᄂ 도ᄂ 희긔ᄒ야 죄를 샤ᄒᄂ

전도지 3 ⓒ NARA

도라 예수의 도를 ㅎ려면 가만히 안져셔 쳑만 볼거시 아니라

무식흔 사람이라도 무솜 셩이던지 ㅎ면셔 무옴으로

밋고 거룩흔 힝실을 ㅎ며 죠셕으로 셩경을 보고 젼에 잘못흔

거슬 쎡돗고 헛신을 바리고 셩심으로 빌어 굴으던디를

문득신 젼능ㅎ신 하ㄴ님이여 나 굿흔 죄인을 불상이 넉이샤

태산 굿흔 죄를 용셔ㅎ야 주시옵시고 모음을 시롭게 ㅎ야 졔굿

ㅎ고 온젼흔 사룸이 되게ㅎ야 주시옵소셔 셰샹에 잇슬 동

안에 하ㄴ알 아바님 조식이 되야 죽은 후에 하ㄴ알 나라해 올나가

영원흔 복락을 누리게 ㅎ야 주옵소셔 이러케 비옵기눈 져롤

위ㅎ야 도라가신 구세쥬 예수 그리스도의 일홈으로 구ㅎ옵느

이다 또흔 구세교회나 예수교회라 써 붓친 갓

가온 회당으로 춫ㅈ가 형제 무리가 되기룰 ㅂ라옵ㄴ이다

전도지 4© NARA

05

식전 파수
기도회를 아십니까?

1905년 2월에 미국 남감리회 한국지방회의 송도(개성)구역에서는 식전(食前) 파수(把守) 기도회를 설립했다. 이른 아침에 주변을 경계하며 지키는 파수병처럼 기도하는 모임이라고 이해하면 될 듯하다. 당시 송도 북부 구역[1] 담당 선교사인 크램(Willard G. Cram, 기의남 奇義男, 1875-1969)이 「그리스도인회보」제1권 3호(1905년 2월 2일)에 식전 파수 기도회 설립에 관한 기사를 게재했다. 크램은 미국 켄터키주 덴턴(Denton) 출신으로 1898년에 에즈베리대학(Asbury College)을 졸업하고 1902년에 미국 남감리회 켄터키연회에서 목사 안수를 받았다. 같은 해에 로셀라 호간(Rosella Hogan, 1875-1955)과 결혼하고 11월에

---

1) 송도구역은 1902년 연회부터 송도구역과 송도 북부로 나눠서 통계를 보고하기 시작했고, 송도구역에는 콜리어(Charles T. Collyer), 송도 북부에는 크램을 임명했다. *Report of the Sixth Annual Meeting of the Korea Mission of the Methodist Episcopal Church, South*, 1902, 14, 62.

한국 선교사로 파송받아 내한했으며, 1922년에 미국으로 돌아갈 때까지 송도에서 사역했다.[2]

크램(연도 미상)
© GCAH Mission Albums Gallery[3]

---

2) 내한선교사사전 편찬위원회 편, 『내한선교사사전』(서울: 한국기독교역사연구소, 2024), 1095.

3) GCAH Mission Albums Gallery에서는 사진 연대를 1930-1940년대라고 한 것으로 봐서 귀국한 후 1926년부터 1944년까지 미국 남감리회 선교본부의 총무로 활동하던 시기의 사진으로 추정된다.

식전 파수 기도회를 설립하던 당시에 송도구역의 감리교회는 한창 부흥의 불길이 타오르고 있었다. 이것은 1903년 8월부터 시작된 원산 부흥운동의 여파가 여러 곳으로 확산된 결과이기도 했다. 크램은 1905년 보고서에서 송도구역의 모든 교회가 성령의 감동하심을 받았으며, 성령의 진정한 부어주심을 경험했다고 언급하면서 1905년 1월부터 4월까지 일어난 부흥에 대해서 이렇게 보고했다.

이 부흥은 설날 무렵 시내 교회들에서 시작되어 부활절까지 이어졌는데, 이때 각 교회에서 7일 동안 연합 부흥운동이 진행되었습니다. 이 특별한 노력으로 이루어진 풍성한 나눔과 구체적인 개인적 경험의 열매는 헤아릴 수 없을 정도입니다. 한국 그리스도인들이 설날을 맞아 일주일간 기도하는 관습이 있었으므로, 우리는 그런 기도 모임을 개최하기로 했고, 얼마 지나지 않아 시내 두 교회의 연합 예배가 남부교회에서 시작되었습니다. 처음에는 각 예배마다 특별한 기도 제목을 정하여 간단한 기도 모임을 가질 계획이었습니다. 하지만 모임이 시작된 후 우리의 계획은 틀어졌고, 우리는 깊은 회개와 영혼의 거듭남을 자각하고자 하는 간절한 소망으로 특징지어지는 부흥의 한가운데에 놓이게 되었습니다. 이러한 간절함 덕분에 저는 그 신년 부흥회에서 제가 지금까지 본 것 중에 가장 분명한 회심을 목격했습니다.[4]

---

4) W. G. Cram, "North Ward Circuit, Songdo," *Report of the Ninth Annual Meeting of the Korea Mission of the Methodist Episcopal Church, South*, 1905, 34.

송도구역의 식전 파수 기도회는 이와 같이 부흥회가 진행되는 중에 설립된 것으로 생각된다. 부흥회의 열기가 단회적으로 끝나지 않고 지속적인 기도회로 이어지기를 바라면서 상설 조직화한 것이라고 볼 수 있다. 크램이 작성한 기사에는 식전 파수 기도회의 설립 취지를 설명하는 서문과 8개 조항으로 된 규칙과 회원들이 맹세해야 할 서약문까지 포함되어 있다. 이렇게 송도구역에서 시작된 식전 파수 기도회가 남감리회의 다른 구역에서도 설립되었는지는 알 수 없다. 이 단체의 추후 활동이 궁금하지만, 현재로서는 그 내용을 알 수 있는 자료를 찾지 못했다. 신문 기사의 전문을 소개하면 다음과 같다.

[식전 파수를 설립함][5]

대한 예수교회 중 송도 순환 감리교회에서 식전 파수 기도회를 설치하였사옵나이다. 우리가 식전 파수 기도회를 설립한 후로 파수병들이 다 각각 유익한 증거를 얻었다 하오니 우리 대한 예수교 중에 어디든지 이 기도회를 다 설시(設施)하기를 바라옵나이다. 이 아래 식전 파수 서문과 규칙을 기재하노라.

---

5) 필자가 현대어로 바꾸고, 이해를 돕기 위하여 한자와 각주를 첨가했다.

서문

이 식전 파수라 하는 뜻은 다름 아니라 미국에서 예수 믿는 사람 중에 어떤 젊은 사람들이 다른 사람을 위하여 하나님 앞에 열심을 나타내기를 원하는데 아침마다 일찍 일어나서 하나님의 참 이치를 묵상하고 마귀의 궤술을 대적하기로 기도할 약조를 서로 하였으니, 우리 대한에 예수 믿는 형제들도 다 일심으로 하나님 앞에 그와 같이 작정하면 매우 좋겠나이다. 대개 이 세상에 모든 믿는 사람들이 마땅히 예수 그리스도 씨의 굳센 군병이 되어 수고를 아끼지 아니하고 마귀를 항상 대적하여야 하겠으니 사도 바울과 같이 싸움을 잘 싸우고 나갈 길을 잘 가고 믿음을 잘 지키면 우리를 빼신 하나님을 기쁘시게 할 것이오. 그런즉 군(軍) 중에 여러 가지 직분이 있으니 제일 요긴한 군사는 파수병이오. 왜 제일 요긴한가 하니 파수병이라 하는 것은 다른 직분이 아니라 모든 장졸을 위하여 적진을 항상 방비하고 본진을 보호하는 직분이니 이와 같이 우리 믿는 형제들도 예수군(耶蘇軍) 중에 파수병이 되면 억만 마귀를 겁낼 것 없이, 물리치고 하나님 나라를 속히 회복하리다. 이 세상 나라의 군병들도 항상 적진을 대적할 병기를 예비하고 게으르지 아니하거든 하물며 우리 예수군의 파수병들은 어찌 하나님께서 주신 신령한 병기를 가지고 열심히 옳은 싸움을 싸우지 아니하리이까? 또한 마귀가 열심히 파수하는 것을 볼진대 각처에서 술 파는 여인들이 아침마다 일찍 일어나서 간사한 얼굴과 요망한 말로 온전한 사람들을 꾀어 독한 술로 침취(沈醉)하게 하여, 양심이 변하여 미치게 하기와 순한 사람이 변하여 악하게 되기를 밤이 깊도록 일을 삼으니 우리 예수군의 파수병들은 더욱 열심히 깰 때부터 잘 때까지 파수 자리를 떠나지 말고 하나님의 갑주를 입고 믿음에 방패를 잡고 구원의 투구를 쓰고 성신의 검을 잡고 쉬지 말고 방비하여 마귀로 하여금 잠시라도 천국진에 엄위한 권세를 엿보지 못하게 하여야 하겠으니 우리 동국(東國) 파수병들이 예수진을 지키다가 밤이 깊어 잠든 후면 서국(西國) 동포 파수병들이 잠 깨어 일어나서 아침 파수를 시작할 테니 이와 같이 동심하여 동서양이 체번(替番)으로[6] 천국진을 잘 지키고 마귀진을 파하기로 힘씁시다. 그런고로 우리들이 다른 사람과 같이 자지 말고 마땅히 깨어 지킬지어다. 대개 잠자는 자는 밤에 자고 취하는 자는 밤에 취하되 오직 우리는 낮에 붙었으니 마땅히 깨어 믿음과 사랑함으로 갑옷을 입을 것이오.

식전 파수 규칙

대한 예수교회 중에 막론하고 어느 곳이든지 식전 파수 기도회를 설시하기를 원하면 이 아래 규칙대로 준행할 것이오.

제1조

이 특별한 기도회 이름은 식전 파수라. 이 이름을 변하지 못할 것이오.

---

6)　일꾼들이 밤낮으로 교대하면서 일한다는 뜻.

제2조 회장

식전 파수회를 설립하는 곳마다 회원 중에서 세례인으로 회장을 하나씩 택할 것이오. 회장의 직무는 모일 때마다 회를 주장하고 달마다 작정한 대로 한 번씩 모일 때에는 회장이 기도 목적으로 전도하든지 회장이 혹 다른 사람을 인도하여 기도 목적으로 전도하게 할 것이오.

제3조 서기

회원 중에서 서기로 한 사람씩 택할 것이오. 서기의 직무는 모일 때마다 회 일기를 자세히 기록하고 회원의 성명을 자세히 기록할 것이오.

제4조 회계

회원 중에서 회계 하나씩 택할 것이오. 회계 직무는 회에서 생기는 돈을 잘 거두어 간수하고 회원이 작정하는 대로 돈을 쓸 것이오.

제5조 개회

달마다 한 번씩 모일 것이오. 모일 때마다 하나님께 예배드린 후에 회장이나 다른 사람이 회장의 인도하는 대로 기도 목적으로 전도할 것이오. 그 후에 무슨 일이든지 특별한 사건이 있으면 작정할 것이오.

제6조 임원 체임

임원들은 일 년 만에 체임(遞任)[7]할 때에 회중에서 천거하여 가부를 물은 후에 가로 택정할 것이오.

제7조 입회원

물론 누구든지 식전 파수병이 되기를 원하면 예수 씨를 진실히 믿고 대한 사람을 위하여 자기 목숨을 아끼지 아니하는 사람이라야 하고 또한 학습인이나 세례인이나 원하는 대로 참예(參預)할[8] 것이오. 또한 식전마다 일찍 일어나서 성경 말씀을 공부하고 예수 믿는 사람과 외인들을 위하여 기도하기로 작정할 것이오.

제8조 지휘

어느 곳이든지 식전 파수 기도회를 설시하려면 먼저 본처(本處) 목사의 지휘를 받아야 할 것이오.

맹세함

내가 식전 파수병이 되기를 원하오니 파수 기도회 규칙대로 준행하고 또한 예수 믿는 사람들과 외인들을 위하여 기도하며 성경

---

7) 벼슬이 갈려 다른 벼슬을 맡는다는 뜻으로, 임원 교체를 의미함.
8) 어떤 일에 참가하여 관계함.

말씀을 묵상하기를 작정하노라.[9]

식전 파수 기도회 기사
© 『그리스도인회보』 제1권 3호(1905. 2. 2.)

---

9) 기의남, "론설, 식전 파수를 설립함," 「그리스도인회보」 제1권 3호(1905.2.2.), 53-56.

06

1905년 평양 장로회신학교 재학생들

1901년 2월에 대한예수교장로회공의회 평양위원회가 김종섭 장로와 방기창 장로를 목회자 후보생으로 받아들이기 위한 심사를 한 후에[1] 그해 5월에 두 사람을 첫 입학생으로 해 마펫 선교사의 사택에서 장로회신학교가 개교했다.[2]

---

1) "1901년 2월 6일에 마펫이 엘린우드에게 보낸 서신," 옥성득 편역, 『마포삼열 자료집 3』(서울: 새물결플러스, 2017), 95.

2) *The Minutes of the Council of the Presbyterian Missions in Korea* (1901), 17; "1901년 5월 20일에 베어드가 형에게 보낸 편지," 김용진 역, 『윌리엄 베어드 편지 Ⅱ(1898-1916)』(서울: 숭실대학교 한국기독교박물관, 2021), 171; "마포삼열의 개인 보고서(1901년 9월 연례회의)," 옥성득 편역, 『마포삼열 자료집 3』, 841.

마펫의 사택(1900년)
© Princeton Theological Seminary, Moffett Korea Collection

그리고 1902년에 4명, 1904년에 15명의 신학생이 입학했다.[3] 전체 21명의 입학생은 다음 표와 같다.

3) *The Minutes of the Eleventh Annual Meeting of the Council of Missions in Korea* (Sept. 20-25, 1903), 21; 곽안련, 『장로교회사전휘집(長老敎會史典彙集)』(경성: 조선예수교서회, 1918), 20.

년도	이름	지역위원회	인원
1901	김종섭(金宗燮), 방기창(邦基昌)	평양(평안)위원회	2
1902	길선주(吉善宙), 송인서(宋麟瑞), 양전백(梁甸伯), 이기풍(李基豊)	평양(평안)위원회	4
1904	김찬성(金燦星), 김창건(金昌鍵), 이원민(李元敏), 장관선(張寬善), 정기정(鄭基定), 최관흘(崔寬屹), 한석진(韓錫晉)	평양(평안)위원회	7
1904	고찬익(高燦益), 서경조(徐景祚), 송순명(宋淳明), 천광실(千光實)	서울위원회	4
	김필수(金弼秀), 윤식명(尹植明), 최중진(崔重珍)	전라위원회	3
	심취명(沈就明)	경상위원회	1
합계			21

개교 당시 신학교는 학교명을 정식으로 정하지 않은 채 신학반(神學班, Theological Class)이라는 명칭을 사용했다.[4] 대한예수교장로회 노회를 조직하는 1907년 9월이 되어서야 신학반이라는 이름 대신 대한장로회신학교(Presbyterian Theological Seminary of Korea)라는 학교명을 갖게 되었다.[5]

---

4) 베어드, "1902-1903년 개인 보고서," 김용진 역, 『윌리엄 베어드의 선교 리포트 I』(서울: 숭실대학교 한국기독교박물관, 2016), 164, 368.

5) 1907년 9월 13일부터 19일까지 개최한 대한예수교장로회공의회 제15회 연례 회의에서 신학교육위원회 위원으로 임명된 미국 북장로회 소속 스왈른(W. L. Swallen) 선교사가 신학교 이름을 'Presbyterian Theological Seminary of Korea'로 부르자는 명칭 변경안을 제출했다. 이에 대하여 회원들은 변경안을 받기로 하고 신학반이란 용어를 더 이상 사용하지 않기로 결의했다. *Minutes of the Fifteenth Annual Meeting of the Council of Presbyterian Missions in Korea and The First Annual Meeting of the Presbytery of the Presbyterian Church in Korea* (Sept. 13-19, 1907), 12, 36.

전체 21명의 신학생이 재학하고 있던 1905년에 교수와 학생들이 마펫 선교사의 사택 정원에서 찍은 사진이 남아 있어서 그들의 모습을 확인할 수 있다. 사진에는 마펫, 스왈른, 베어드, 언더우드(Horace G. Underwood) 등 4명의 교수와 21명의 학생이 있다. 이 사람들을 자세히 파악해 보면 다음과 같다.

1905년 평양 장로회신학교의 교수와 재학생
© Princeton Theological Seminary, Moffett Korea Collection

① 방기창, ② 미상, ③ 김필수, ④ 양전백, ⑤ 길선주, ⑥ 한석진, ⑦ 김종섭, ⑧ 김찬성, ⑨ 서경조, ⑩ 윤식명, ⑪ 정기정, ⑫ 미상, ⑬ 최관흘, ⑭ 장관선, ⑮ 심취명, ⑯ 송순명, ⑰ 이원민, ⑱ 이기풍, ⑲ 송인서, ⑳ 최중진, ㉑ 미상, ㉒ 언더우드, ㉓ 마펫, ㉔ 스왈른, ㉕ 베어드

사진에 있는 21명의 학생 중 사진과 이름을 연결해 확정하지 못한 사람은 3명인데, ②, ⑫, ㉑번 사진의 인물이며, 순서대로 사진을 배열 하면 다음과 같다.

　이들의 이름은 고찬익, 김창건, 천광실인데, 정확히 누가 누구인지를 알 수 없다. 이들의 다른 사진을 찾을 수 없어서 현재로는 사진과 이름을 확정하는 것이 불가능하다.

　21명의 재학생 중 고찬익, 송순명, 천광실 등 3명은 신학교를 졸업하지 못했다. 서울 연동교회의 초대 장로인 고찬익은 신학교에 재학 중이던 1908년 4월 24일에 갑자기 세상을 떠났다.[6] 새문안교회 초대 장로인 송순명이 신학 공부를 끝까지 마치지 못한 이유를 정확히 알수 없지만 그는 1955년에 원로장로로 추대될 때까지 새문안교회의 장로로 시무했다.[7] 천광실은 무어(S. F. Moore) 선교사를 만나 기독교인이 된 후 곤당골교회의 집사와 조사로 일찍부터 활동하다가[8] 1904년

---

6)　"경련동 야소교 장로 고찬익 씨 4월 24일 별세," 「대한매일신보」 1908년 4월 29일.

7)　윤경로, 『새문안교회 100년사(1887-1987)』(서울: 새문안교회 창립 100주년 기념사업회 역사편찬위원회, 1995), 137, 597.

8)　천광실은 1894년경부터 전도인으로 활동한 것으로 추정된다. "쟝로교회 년환회," 「그리스도신문」 1898년 11월 3일.

에 장로가 되었으며, 1907년부터 1909년까지 대한예수교장로회 노회에도 총대로 참석했는데,[9] 언제 신학교를 그만두었는지, 그 후의 행적에 대해서 자세히 알 수 없다.

평양 장로회신학교의 초기 재학생들이 단체로 찍은 사진은 소개한 1905년 사진 외에도 몇 장이 더 남아 있다. 1907년 제1회 졸업생 7명이 함께 찍은 졸업 기념사진 외에 다음에 소개하는 사진도 있다.

① 평양 장로회신학교 재학생(연대 미상)
© Princeton Theological Seminary, Moffett Korea Collection

---

9) 『대한국 예수교장로회 노회 회록』(1907), 5; 『예수교장로회 대한노회 제2회 회록』(1908), 2;
『예수교장로회 대한노회 제3회 회록』(1909), 3.

② 평양 장로회신학교 재학생(1907년)
© Princeton Theological Seminary, Moffett Korea Collection

③ 평양 장로회신학교 제2회 졸업생 사진(1909년)
© Princeton Theological Seminary, Moffett Korea Collection

사진 ①은 1909년에 제2회로 졸업한 학생들 중심으로 찍은 사진이다. 앞줄 왼쪽부터 김찬성, 최관흘, 윤식명, 장관선, 정기정, 뒷줄 왼쪽부터 심취명, 최중진, 주공삼, 이원민, 김필수 순서다. 이들 중 심취명과 주공삼(朱孔三)은 1910년에 제3회로 졸업했다. 사진 ②는 앞줄 왼쪽부터 양전백, 방기창, 이기풍, 뒷줄 왼쪽부터 길선주, 송인서, 김종섭 순서다. 사진 ③은 1909년 제2회 졸업 기념사진인데, 앞줄 왼쪽부터 김찬성, 윤식명, 김필수, 최중진, 주공삼, 뒷줄 왼쪽부터 최관흘, 정기정, 이원민, 장관선 순서다.

장로교회의 학습교인 제도

한국 교회에는 예전부터 학습교인(學習敎人, Catechumens) 제도가 있었다. 장로교회의 경우 예장 통합, 예장 백석, 기장 교단에서는 사라졌지만, 예장 합동과 예장 고신 교단은 지금도 학습교인 제도를 유지하고 있다.[1] 감리교회도 지금은 원입인, 세례아동, 세례인, 입교인으로 구분하고 있지만,[2] 초기에는 학습교인 제도를 시행했다.[3] 성결교회도 현재는 교인을 신입교인, 세례교인, 유아 세례

---

1) 예장 합동 교단은 헌법 중 헌법적 규칙에서 학습교인에 관한 조항을 두고 있으며, 예장 고신 교단 헌법에서는 교인을 원입인, 학습인, 유아세례교인, 세례교인(입교인)으로 구분한다. 대한 예수교장로회총회, 『헌법 개정판(103회기)』(서울: 대한예수교장로회총회, 2020), 201; 대한예수교 장로회 고신총회 헌법개정위원회 편, 『헌법』(서울: 대한예수교장로회 고신총회출판국, 2021), 263.

2) 장정개정위원회 편, 『기독교대한감리회 교리와 장정(2019년)』(서울: 도서출판 kmc, 2020), 77-78.

3) 미 감리회와 남감리회가 합동하여 1930년 12월 2일에 기독교조선감리회를 창립한 후 1931 년에 발행한 『교리와 장정』에서는 교인을 원입인(願入人), 세례아동(洗禮兒童), 학습인(學習人), 입교인(入敎人)으로 구분했다. 『기독교조선감리회 교리와 장정』(경성: 기독교조선감리회 총리원 교육국, 1931), 53-54.

교인, 유소년 세례교인으로 나누지만,[4] 해방 후 1945년 11월에 제정한 『기독교조선성결교회 헌법』에서는 학습인, 세례인, 입회인으로 구분한 것을 알 수 있다.[5] 이렇게 학습교인 제도는 한국 교회 안에서 초기부터 오랫동안 시행한 제도였다.

물론 학습교인 제도는 한국 교회의 독자적인 제도는 아니다. 한국에서 학습교인으로 불렀던 세례 후보자에 대한 교육은 초대 교회부터 있던 제도였다. 초대 교회에 이방인 개종자들의 수가 늘어나면서 2세기 후반부터는 체계적인 세례 준비 과정의 필요성을 인식하게 되었고, 이에 따라 각 지역 교회별로 새 신자들을 위해 세례를 준비하는 과정이 발전하기 시작했으며, 3-4세기에는 세례 준비 과정이 완성된 형태로 구축되었다.[6] 당시 세례 후보자에 대한 교육 기간은 2-3년 정도였고, 주로 『디다케』, 『헤르마스의 목자』와 이레니우스, 키프리아누스, 순교자 유스티누스의 글을 교육 교재로 사용했다. 또한 세례 후보자를 세분해 교인으로 등록한 후(한국 교회식으로는 원입교인(願入敎人)이 된 후) 2-3년 동안 계속해서 새 신자 교육을 받는 사람들(Catechumens)과 세례를 받기 위해서 사순절 기간에 집중적으로 교육을 받는 세례 적임자(Petitioners)로 나누었다.[7]

---

4) 기독교대한성결교회, 『헌법』(서울: 기독교대한성결교회 출판부, 2025), 20.
5) 『기독교조선성결교회 헌법』(발행지, 발행처 불명, 1945), 8. 1945년 11월에 제정된 『기독교조선성결교회 헌법』은 일명 『재흥 헌법』으로 불리며, 1945년 11월 9일 기독교조선성결교회 재흥총회(제1회)에서 제정, 발행한 것으로 보이지만, 헌법 자체에는 발행지, 발행처가 명시되지 않았다.
6) 정두성, 『교리교육의 역사』(서울: 세움북스, 2016), 68.
7) 위의 책, 60-61.

종교개혁 시기에도 초대 교회의 전통을 이어받아 루터, 칼빈, 츠빙글리, 멜랑히톤 등 개혁가들은 어린이와 청소년, 성인을 위한 교리교육 체계를 수립하고 교리 문답서를 만들었다. 이 교리교육의 대상에는 당연히 세례 후보자들도 포함되었다. 물론 이 시기의 교리교육은 세례 후보자에 중점을 둔 것은 아니었고, 어린이들이 기독교 교리를 바로 알게 하는 것과 세례교인들의 신앙 성숙에 초점을 맞추고 있었다.[8]

한국 장로교회에서 시행된 학습교인 제도가 미국 장로교회에서도 시행되고 있었는지는 불분명하다. 미국 북장로회 소속 선교사들은 1890년 5월 네비어스(John L. Nevius, 예유사(倪維思), 1829-1893) 선교사의 한국 방문 이후 그의 선교 방법을 기반으로 선교 정책을 수립했는데, 1891년 2월에 열린 미국 북장로회 한국선교회 연례 회의에서 제정한 「한국선교회의 상설 규칙과 부칙(*The Standing Rules and By-Laws of the Korea Mission*)」에 학습교인에 관한 조항이 최초로 등장한다. A조 제10항에 "특별한 경우를 제외하고, 세례를 신청하는 모든 사람은 6개월 이상의 교육과정을 이수해야 한다."[9]라고 규정하고 있다.

1891년 이전 미국 북장로회 헌법에는 교인을 원입교인, 학습교인, 세례교인으로 구분하거나 학습교인 제도를 명문화한 조항은 없다.[10]

---

8) 종교 개혁가들의 교리교육에 관해서는 다음 내용을 참고하라. 위의 책, 133-179.

9) *The Standing Rules and By-Laws of the Korea Mission*(Feb. 1891), 3.

10) *The constitution of the Presbyterian church in the United States of America* (Philadelphia: Harrington & Haswell, 1850), 1-466.

하지만 학습교인에 대해서 인지하고 있었던 것은 분명하다. 가령 조직신학자 찰스 하지(Charles Hodge, 1797-1878)의 조카인 존 하지(John A. Hodge, 1831-1901)가 1886년에 미국 장로교 헌법 중 정치 부문 해설서로 저술한 *What is Presbyterian Law as Defined by the Church Courts?*[11]에서 학습교인에 관해서 이렇게 서술하고 있다.

> 학습교인은 요리문답을 배우는 사람이다. 초기 교회에서는 세례를 받기 위해 신청한 자들을 안수하여 십자가를 그음으로 학습교인으로 인정했고, 기독교 교리를 체계적으로 교육했다. 바로 그들을 학습교인으로 불렀다.[12]

어쨌든 「한국선교회의 상설 규칙과 부칙」에 명시했기 때문에, 미국 북장로회 한국선교회 선교사들은 이후부터 학습교인 제도를 시행하기 시작했다. 선교사 중 학습교인 제도를 적극적으로 시행한 사람 중한 명인 마펫은 1909년 8월에 열린 미국 북장로회 한국선교회 25주년 기념식에서 발표한 글에서 학습교인 제도의 시행과 성과에 대해이렇게 회고했다.

---

11) John A. Hodge, *What is Presbyterian Law as Defined by the Church Courts?* (Philadelphia: Presbyterian Board of Publication, 1886), 1-545. 이 책은 미국 장로교회 헌법 해설서로 널리 애용되었는데, 1917년 클락(Charles A. Clark) 선교사가 축약 번역하여 『예수교장로회정치문답조례』로 출판했으며, 완역판은 2011년에 『교회정치문답조례』로 출간되었다.

12) J. A. 하지/배광식, 정준모, 정홍주 역, 『교회정치문답조례』(서울: 대한예수교장로회총회, 2011), 117.

1890년에 몇몇 학습교인을 대상으로 심사를 실시한 후, 세례 전 2주간 특별 교육을 위해 개별 선교사에게 배정했을 당시에는 영구적인 학습교인 제도를 생각조차 하지 못했습니다. 그러나 1891년에 15명의 학습교인을 등록하면서 이 아이디어는 발전하였고, 1893년에는 평양에서 학습교인들을 공개적으로 받아들이고 등록시켰습니다. 3개월간 매일 교육을 받은 후, 그들 중 일부는 세례를 받았습니다. 1896년까지는 학습교인에 대한 선교회의 통계가 없지만, 1894년 평양지부에서는 40명, 1895년에는 180명의 학습교인이 등록되어 이 제도가 순조롭게 진행되고 있었음을 보여 줍니다. 선교회의 보고에 의하면 1896년에는 2000명, 1902년에는 5968명, 1906년에는 1만 1025명이 등록되었고, 올해에는 총 2만 3800명이 등록했습니다. 교육 기간은 6개월로, 그 다음에는 1년으로 연장되었고, 현재는 많은 사람들이 세례를 받기 전에 2년 또는 심지어 4년 동안 교육을 받습니다. 처음에는 그렇지 않았지만, 이제는 이교도의 관습을 버리고 죄를 회개하고 그리스도를 영접한다는 공개적인 고백을 하는 것 외에도 3개월 동안 교회 예배에 참석한 후에야 학습교인으로 받아들여지는 경우가 많습니다. 학습교인 제도는 새로운 신자들을 격려하고 교회에 정식으로 입교하기 전에 더 철저한 감독과 교육을 제공합니다.[13]

---

13) Samual A. Moffett, "Evangelistic Work," *Quarto Centennial Papers Read Before the Korea Mission of the Presbyterian Church in the U.S.A. at the Annual Meeting Pyeng Yang* (Aug. 27, 1909), 24.

글에서도 알 수 있는 것처럼, 학습교인 제도는 시간이 지날수록 점점 더 강화된 형태로 시행되었다.[14] 처음 실행할 때는 임시적인 것으로 생각했지만 곧 상설 제도가 되었고, 교육 기간도 3개월, 6개월, 1년으로 늘어나고 상당수의 사람들은 2년 또는 4년 동안 교육을 받기도 했다. 이렇게 학습교인 제도는 강화되었지만, 학습을 원하는 사람들은 계속해서 늘어나는 추세였다. 어떻게 보면 교회의 문턱을 계속 높였지만, 그로 인해 입교를 원하는 사람들이 줄어든 게 아니라, 오히려 늘어났고 또한 그들이 더 철저한 감독과 가르침을 받게 되는 결과를 가져왔다.

미국 남장로회 선교사로 1895년 4월에 내한한 유진 벨이 전남 지역에 선교 거점을 마련하는 동안 서울에서 지내며 정동교회(새문안교회)를 비롯한 서울 지역 교회의 사역을 도와주었는데, 그의 기록에서도 엄격하게 시행된 학습교인 제도를 발견하게 된다. 그는 정동교회와 그 교회가 개척한 교회의 학습교인을 문답했는데, 문답 대상자는 선교사와 2명의 한국인 지도자 앞에서 "다른 가족에게 복음에 대해 이야기한 적이 있고, 가족과 당신의 친구들이 복음을 믿도록 노력했습니까?(이 질문을 매우 중요하게 여겼다.)"라는 질문을 포함해 무려 28개의 질문에 성실하게 대답해야 했고, 기준에 못 미칠 경우, 문답 과정을 유보하거나 추가 교리 교육을 받게 했다.[15] 유진 벨은 학습교인 문답

---

14) 마펫이 1895년 10월에 작성한 평양선교지부 보고서에서도 "우리는 학습교인의 등록을 자유롭게 받지만 반면 학습교인에게 세례를 주고 등록교인으로 입교시키는 일에는 지나치리만큼 신중하고 조심스럽습니다."라고 기록했다. 마포삼열, "평양선교지부, 1895년 10월," 옥성득 편역, 『마포삼열 자료집 2』(서울: 새물결플러스, 2017), 609.

에 대한 자신의 의견을 이렇게 표현했다.

부모님께서는 길고 힘든 심사라고 생각하실는지 모르나, 오랜 경험 끝에 이런 식의 심사가 필요하다는 것을 배우게 되었습니다. 누가 좋지 않은 동기를 가지고 왔으면, 대답 어딘가에서 그것이 드러나기 마련입니다. 복음에 대한 지식만이 아니라 진실함을 심사하는 것입니다. 진리를 조금만 알되 바른 방식으로 안다면, 그들이 길 잃은 죄인이고 그리스도가 그들의 구주라는 것을 알고, 그 앎이 진실하다면 그것으로 충분합니다. 저는 부모님께서 이 세례 문답 심사를 직접 보실 수 있으면 하고 바라 봅니다. 그들의 간증은 매우 명확하고 강합니다. 그들 중 어떤 이들은 정말 신실하고 믿음이 어린아이 같습니다.[16]

이렇게 남장로회 선교사들도 학습교인 제도가 선교 현장에서 필요한 제도인 것을 알았기에 초기부터 이 제도를 채택했다.[17] 애너벨 니

---

15) "1897년 1월 31일, 일요일 밤, 한국 서울, 사랑하는 부모님께," 유진 벨/고영자, 이은상 역, 『유진 벨 선교 편지(1895-1897)』, 458-461.

16) 위의 책, 461.

17) Anabel Lee Major Nisbet, *Day in and Day out in Korea* (Richmond, VA: Presbyterian Committee of Publication, 1919), 67. 1897년 10월에 한국을 방문한 미국 남장로회 해외선교실행위원회 총무인 체스터(Samuel H. Chester)는 남장로회 선교사들의 한국선교가 처음부터 네비어스 정책에 따라 진행해 왔다고 언급했다. Samuel H. Chester, *Lights and shadows of mission work in the Far East: being the record of observations made during a visit to the Southern Presbyterian missions in Japan, China, and Korea in the year 1897* (Richmond, VA: Presbyterian Committee of Publication, 1899), 129.

스벳(Anabel Lee Major Nisbet)은 학습교인 제도의 시행에 대해서 다음과 같이 기록했다.

이교도의 관습을 버리고 3개월 동안 교회에 출석한 사람은 누구나 시험을 통해 학습반에 참여할 수 있었다. 교회의 영수가 입회하여 지원자의 인격에 대한 지식을 알려 줌으로써 선교사를 돕는다. 지원자의 출석 기록이 있는 교회 명부를 자주 확인하며, 최소 3개월 이상 정기적으로 출석하지 않은 사람은 시험 대상에서 제외된다. 나이, 가족, 직업에 대한 몇 가지 예비 질문을 한 후 다음과 같은 질문을 통해 지원자의 구주에 대한 지식과 믿음을 확인한다.

왜 그리스도인이 되려고 합니까?

용서받아야 할 죄는 무엇입니까?

용서받았습니까? 용서받았다는 증거는 무엇입니까?

누구를 통해서 용서받았습니까?

예수님은 누구십니까?

예수님은 어디에서 태어나셨습니까?

예수님의 어머니는 누구십니까? 아버지는 누구십니까? (답: "하나님"이어야 합니다.)

예수님은 당신과 어떤 관계입니까?

그분은 어떻게 당신의 구원자가 되셨습니까?

그분은 죄인이셨습니까?

왜 그분은 죄인으로 죽으셨습니까?

그분은 완전히 죽으셨습니까?

그분은 지금 어디에 계십니까?

그분은 세상에 다시 오십니까?

언제, 무엇을 위해 오십니까?

그리스도인은 죽으면 어디로 갑니까?

믿지 않는 사람은 죽으면 어디로 갑니까?

만약 당신이 오늘 밤에 죽는다면, 어디로 가고 싶고 그 이유는 무엇입니까?

십계명과 주기도문을 외울 수 있습니까?

매일 기도합니까? 하루에 몇 번 기도합니까?

누구의 이름으로 기도합니까?

모든 영 숭배를 그만두었습니까?

매일 성경을 읽으십니까?

얼마나 오랫동안 쉬지 않고 읽으셨습니까?

개인적으로 예수님에 대해 어떤 일을 하셨거나, 누군가에게 예수님에 관하여 이야기했습니까?

학습교인 제도는 새로 믿는 사람들의 성장을 촉진하고, 교회에 정식으로 입교하기 전에 더 나은 감독과 철저한 교육을 제공하는 데 효과적인 것으로 입증되었다. 만약 지원자의 인성과 지식 수준이 만족스럽다면, 그는 학습교인으로 등록되고, 6개월 후에는 세례 문답을 치르게 된다.[18]

호주 장로회 선교사들이 학습교인 제도를 공식적으로 시행한 과정
도 확인할 수 있는데, 1911년 연례 회의에서는 학습교인, 세례교인 등
에 관한 자세한 규정을 채택했다. 그중 학습교인과 입교 조건에 관한
내용을 인용하면 다음과 같다.

2. 예비 신자(세례 문답반)

(1) 예비 신자에게 요구되는 자격 조건은 회개, 그리스도를 주
로 영접함, 그리고 어느 정도의 생활 변화이다. (커를)

(2) 예비 신자는 정기적으로 지도를 받아야 한다. (매크레이)

(3) 그러한 지도를 하기 위하여 한국 사역자들은 여러 거점에서
훈련을 받아야 한다. (매크레이)

(4) 교회의 지도자는 이 가르침에 책임이 있어야 하며, 연례 공
부반은 그 가르침의 주제 설명을 위하여 선용되어야 한다.
(엥겔)

(5) 예비 신자를 가르치는 주요 목적은 기독교 신조의 기초를
닦고 지적인 교회 회원이 되도록 하며, 회심의 마지막이 세
례식이 아니라는 것을 돌보는 데 있다. (엥겔)

---

18) Anabel Lee Major Nisbet, *Day in and Day out in Korea*, 67-68. *Day in and Day out in Korea*는 미국 남장로회 한국선교회가 애너벨 니스벳에게 집필을 의뢰하여 쓴 책으로, 1892년부터 1919년까지 남장로회 한국 선교사들의 활동을 담은 역사서다. 니스벳은 3·1 운동 당시 목포 정명여학교 교장으로 학생들의 자제를 호소한 후 기숙사 계단에서 넘어져 치료, 요양하는 중에 이 책을 저술했고, 건강이 악화되어 1920년 2월 21일에 별세했다.

(6) 예비 신자에게 십계명, 주기도문, 사도신경을 가르치며, 성찬식의 의미를 알게 하며 간단한 교회 정치에 관한 질문을 한다. (엥겔)

(7) 상세한 가르침 후에, 후보자는 십계명, 주기도문, 사도신경을 마음속으로 외워야 한다. (엥겔)

(8) 다 기억하기는 어렵겠지만 특별히 비 문맹자는 이것을 암송할 수 있도록 격려해야 한다. (엥겔)

(9) 사도신경은 그 이름과 같은 신경은 아니지만 초대 교회 전도자들의 가르침과 동일하며, 성경에 있는 내용이며, 신조의 응축된 고백이므로 특히 젊은 회심자들에게 유익하다. (엥겔)

4. 입교 조건

명제:

(1) 그리스도를 자신의 주님으로 고백한다고 즉시 세례를 베풀어서는 안 된다. (엥겔)

(2) 6개월 만에 받는 예도 있지만, 보통의 경우에 세례 문답반에 들어온 지 일 년 후에 세례를 받는다. (엥겔)

(3) 십계명을 지키려는 진정한 노력과 도덕적인 자격을 충분히 갖추었는지 고려해야 한다. (엥겔)

(4) 철저한 마음의 변화와 그리스도를 위하여 전도하려는 진정한 노력을 영적인 자격으로 찾아야 한다. (엥겔)

(5) 구원론에 관한 이해가 지적으로 충분한지 고려해야 한다.

(엥겔)

질문: 어떤 권위로 세례를 베푸는가? 당회가 아직 없는 상황에서 어떤 방법으로든 한국 교회와 후보자의 적합성을 상의해야 하지 않는가?

명제: 당회가 없는 곳에서는 안수받는 선교사 혼자도 세례식을 집례할 책임이 있다. (맥켄지)

질문: 세례받은 자는 성찬식에 참여할 수 있는가?

명제: 성인 세례자는 당연히 성찬식에 참여할 수 있다. (맥켄지)[19]

---

19) "74. 선교 활동 원칙을 위한 회의," 양명득 편저, 『호주 선교사 겔슨 엥겔』(고양: 나눔사, 2023), 198-200.

08

안준의 자기소개서와
공립협회에 보낸 편지

1911년에 일어난 105인 사건으로 옥고를 겪은 안준(安濬, 1867-?)에 대해서 관심을 가지게 된 것은 길선주 목사의 장남 길진형(吉鎭亨, 1891-1917)에 관해서 글을 쓰면서부터다. 길진형 역시 105인 사건으로 수감 생활을 했다. 1912년 2월 14일에 작성된 길진형의 신문(訊問)조서에 안준의 중매로 길진형과 선천 출신의 오순애(吳順愛)가 만나서 사귀다가 1909년 9월 약혼을 하고, 1911년 1월 12일에 결혼했다는 내용이 나온다.[1] 중매 당시 길진형은 숭실대학에 재학 중이었는데, 아버지와 비슷한 연배인 안준이 어떤 인연으로 길진형과 오순애의 만남을 주선했는지는 알 수 없다.

---

1) 「길진형 신문(訊問)조서(제1회)」(1912년 2월 14일).

장로회신학대학교 역사박물관이 소장하고 있는 자료 중에 안준이 평양 장로회신학교에 입학한 후 작성한 것으로 추정되는 "신학일년급싱"이라는 자료가 있다. 일종의 자기소개서라고 할 수 있다. 일부 내용을 소개하면 이렇다.

안쥰(安濬)(住 平北 宣川郡 邑內 塩水洞)
쥬후 일천팔빅륙십칠년(뎡묘)싱이오.
평안도 의쥬 수딘면 식숑리에서 낫소.
평안북도 션천군 읍내 염슈동에 지금 사오.
일천팔빅구십팔년에 밋엇소.
동구십구십년 칠월에 댱로회 목사 위대모 씨의게 세례밧엇소.
션천읍 염슈동교회에 속ᄒ엿소.
동교회에서 일보오.
령슈직분이오.
밋기 전 업은 약쟝ᄉ와 교ᄉ이오.
밋은 후 업은 약쟝ᄉ와 제즁원 ᄉ무와 즁학 교ᄉ도 ᄒ고 지금은 외국 셔칙을 번역ᄒ여 츌판ᄒ오.

안준은 평안북도 의주군 수진면(水鎭面) 식송리에서 안석희(安錫禧)의 둘째 아들로 태어났다. 그의 자(字)는 명원(明源), 호는 낙원(樂園)이며, 다른 이름은 안준형(安濬亨)이다. 장로교 목사이며 독립운동가인 안승원(安承源, 원형(元亨), 1872-1941)이 동생이다. 안준은 12세부터 20세까지 8년 동안 경의재(經義齋)에서 한학을 배웠다. 경의재는 유학자 전서

(顯西) 이정노(李挺魯)가 의주군 송장면에 세운 사숙으로 그의 학문을 흠모하는 의주의 유생들이 경의재에 모여들어 그의 가르침을 받았다. 의주군 고관면(古館面) 출신으로 1907년에 열린 대한예수교장로회 제1회 노회에서 최초로 목사 안수를 받은 7명 중 한 사람인 양전백(梁甸伯, 1869-1933)도 기독교인이 되기 전에 경의재에서 이정노의 가르침을 받았으니, 안준과 양전백은 일찍부터 동문수학한 사이였다.

안준은 1898년에 기독교인이 된 후 1899년 7월에 선천 선교지부의 휘트모어 선교사에게 세례를 받았다. 그는 선천을 중심으로 활동하면서 선천읍 염수동교회(선천읍교회)의[2] 영수로 재직했으며, 1900년에 선천읍교회에서 평안북도 도(都)사경회가 열렸을 때, 김원명, 김경현, 양전백, 정기정 등과 함께 평북전도회를 설립했다.[3] 또한 1905년 7월에 양전백, 김병농, 김석창, 노효욱, 이창석, 조규찬, 노정관 등이 중학교 설립을 위해 선천 중학회라는 설립기성회를 조직하고 휘트모어 선교사와 협의해 1906년 4월에 신성(信聖)중학교를 설립할 때도 함께 했으며, 한문 교사로 학생들을 가르쳤다.[4] 그는 1906년 8월 16일 자

---

2) 선천읍교회는 원래 석장동(石墻洞)에 있었는데, 1904년에 염수동에 한옥 한 채를 매입하였고, 1906년 10월에 이 터 위에 1500명이 들어갈 수 있는 새 예배당을 완공했다. 1910년 조선예수교장로회 제4회 노회(1910.9.18.-9.22)가 선천읍 염수동교회에서 열렸다. 차재명, 『조선예수교장로회사기(상)』, 41; 『예수교장로회 조선국 노회 제4회 회록』(1910), 1-26; "Syen Chyun Station," *Report of the Korea Mission of the Presbyterian Church in the U.S.A*(Sept. 1907), 63.

3) 차재명, 『조선예수교장로회사기(상)』, 74-75.

4) 위의 책, 175-176; 백낙준, "創立 背景과 初期史略," 신성학교 동창회 편, 『信聖學校史』(서울: 신성학교동창회, 1980), 4-5; 박용규, 『강규찬과 평양 산정현교회』(서울: 한국기독교사연구소, 2011), 89.

「그리스도신문」에 선천읍교회 소식을 게재했는데, 당시 세례교인이 364명, 원입교인이 320여 명, 주일 예배에 참석하는 7세 이상 교인이 1100여 명이며, 새 예배당을 짓기 위해 연보하고 같은 해 음력 4월 25일에 정초식을 거행한 내용을 게재했다.[5] 또한 1906년 8월 23일 자 「그리스도신문」에는 선천읍 남녀 소학교의 졸업식 소식을 게재하기도 했다.[6]

안준은 1910년 봄에 평양 장로회신학교에 입학한 것으로 보인다. 이렇게 안준이 교회와 학교, 선교사, 신학교 등에 걸쳐서 넓은 관계를 형성하고 있었으므로 길진형과 오순애, 길선주 목사 등과 모두 아는 사이어서 길진형과 오순애를 중매했을 수도 있다.

일제가 1911년 10월에 '데라우치(寺內正毅) 총독 모살 미수 사건'으로 조작한 105인 사건으로 안준을 체포할 당시 그는 신성학교의 교사였다. 그때 함께 체포되어 기소된 교사는 강규찬, 곽태종, 길진형, 선우혁, 신효범, 이용혁, 임경엽, 장시욱, 홍성익 등이었다. 기소된 학생도 18명이나 되었다.[7] 안준은 1912년 9월 28일 제1심 공판에서 징역 6년을 선고받았고, 그해 11월 26일부터 다음 해 3월 30일까지 진행된 제2심 공판에서는 무죄 판결을 받은 후 석방되었다.[8]

---

5) 안준, "션천리신," 「그리스도신문」 1906년 8월 16일.
6) 당시 남자 소학교 재학생은 102명, 여자 소학교 재학생은 52명이었다. 안준, "션천학교형편," 「그리스도신문」 1906년 8월 23일.
7) 윤경로, 『105인 사건과 신민회 연구(개정 증보판)』(서울: 한성대학교출판부, 2012), 78.
8) 「경성지방법원 판결문」; 「경성복심법원 판결문」, 공훈전자사료관 독립 유공자 공적 정보. https://e-gonghun.mpva.go.kr/user/ContribuReportDetailPopup. do?goTocode=0&mngNo=1532&, [2025년 10월 5일 접속].

그 후 안준의 행적은 자세히 알 수 없다. 평양 장로회신학교의 졸업생 명단을 확인해 봐도 안준의 이름이 없고, 『조선예수교장로회(하)』에도 그가 목사 안수를 받은 기록이 없다.[9]

다만 1916년 1월 15일 자 「조선총독부관보」에 그가 선천에서 포교활동을 위해 1915년 12월 20일에 포교계(布教届)를 제출한 내용이 게재되어 있다. 여기에서 소속은 조선예수교장로회로 되어 있고, 주소는 선천군 읍내면 천북리(川北里) 25통 5호로 기재되어 있다.[10] 이로 보아 그가 무슨 직위로 활동했는지 알 수는 없지만, 천북리 378번지에 있던 선천읍 북(北)교회 근처에 살면서 전도 활동을 한 것으로 파악된다. 그 후 1931년 7월 3일에 포교 폐지계(廢止届)를 제출할 때까지 활동한 것을 알 수 있다.[11]

안준의 가족과 오순애도 밀접한 관련이 있다. 오순애는 미국으로 떠났던 남편 길진형이 병이 악화해 귀국한 후 1917년 11월 23일에 세상을 떠난 뒤에는 선천에서 아들 낙영(樂永)을 키우며 생활했다. 그는 선천읍북교회에서 신앙생활과 교회 활동을 하는 일 외에도 선천여자기독교청년회, 영덕여자야학교, 명신유치원, 보성여학교, 수양동우회 등을 통해 사회 활동을 했다. 이때 함께 활동한 김성모(金聖姆, 1891-

---

9) 『조선예수교장로회(하)』는 1912년부터 1923년까지의 22개 노회 역사를 기록하고 있는데, 여기에서도 그의 이름을 발견할 수 없다. 양전백, 함태영, 김영훈/이교남 역/박용규 편, 『조선예수교장로회사기(하)』(서울: 한국기독교사연구소, 2017), 1-767.
10) 「조선총독부관보」 제1032호(1915년 1월 15일), 164.
11) 「조선총독부관보」 제1414호(1931년 9월 19일), 191.

1967)는 안준의 외아들인 안병균(安秉均, 1892-1941)의 부인이었다.[12] 안병균은 선천읍북교회의 장로이자 교육가였으며, 1921년 9월에 일어난 선천 경찰서 폭탄 투척 사건의 관련자로 체포되어 5년 동안 수감 생활을 했다.[13]

안준이 1907년에 미국 샌프란시스코의 공립협회(共立協會)에[14] 보낸 글이 1907년 11월 1일 자 「공립신보」에 게재되었는데, 그의 글은 국내의 산업이 발달하지 못한 시국을 걱정하며 몇 가지 내용에 대해서 알려 주기를 바라는 내용으로 되어 있다. 전문을 현대어로 고쳐서 소개한다.

---

12) 김성모는 평안북도 용천에서 김국주(金國柱) 목사의 딸로 태어났으며, 선천 보성여학교를 졸업한 후 모교에서 교사로 재직했다. 오순애, 백형덕, 강기일 등과 함께 선천여자기독교청년회를 설립하고 영덕여자야학교와 명신유치원도 설립했다. 선천읍북교회의 권사, 평북노회 부인연합전도회 회장 등을 지냈다. 1920년에 3·1 운동 1주년 기념식에서 강기일과 만세 시위를 주도하다 체포되어 6개월 동안 수감 생활을 했다. 정부는 2019년에 대통령표창을 추서했다. 북한기독교역사사전 편찬위원회 편, 『북한기독교역사사전 I』(서울: 한국기독교역사연구소, 2025), 355; 국가보훈처, 『독립유공자 공훈록 제25권』(세종: 국가보훈처, 2020), 94.

13) 대한민국 정부는 1990년 안병균에게 건국훈장 애국장(1985년 건국포장)을 추서했다. 독립유공자 공훈록 편찬위원회, 『독립유공자 공훈록 제8권』(서울: 국가보훈처, 1990), 425-426.

14) 공립협회는 1903년 9월 안창호(安昌浩), 박선겸(朴善謙), 이대위(李大爲), 김성무(金聖武) 등이 상호 친목을 목적으로 샌프란시스코에서 상항친목회(桑港親睦會)를 조직한 것에서 출발한다. 당시 샌프란시스코 거주 한인 20여 명 중에 친목 회원은 9명이었다. 1905년 4월에 조직을 확대, 개편하여 공립협회로 바꿨다. 같은 해 11월 22일에 「공립신보」를 창간했다. 초대 회장은 안창호였으며 송석준(宋錫峻), 정재관(鄭在寬)이 각각 2대, 3대 회장을 역임했다. 1905년 11월 샌프란시스코 퍼시픽가(街)에 회관을 마련했으며, 재미 한인 수가 늘어나면서 1907년까지 로스앤젤레스, 새크라멘토, 리버사이드, 레드랜즈 등 미국 서부 연안 지역에 지회를 설립했다.

[유지긔함(有志寄函)]

평안북도 선천군 유명 인사 안준 씨는 본래 뜻있는 사람으로 시국에 대하여 실업이 발달되지 못함을 개탄하고 공립협회에 편지를 보낸 전문이 다음과 같으니,

고국에 있는 자는 먼 지역에서 고생하는 자를 염려하고 다른 나라에서 나그네로 지내는 자는 조국이 당한 불행한 운명을 슬퍼하니 서로 생각하고 불쌍하게 여기는 정은 말하기를 기다리지 않아도 서로 짐작할 수 있습니다. 다만 바라건대, 밖에 있는 나의 동포는 이날 이때를 당하여 더욱 분발하시고 천 가지 근심과 만 가지 어려운 가운데라도 내지에 있는 어리석은 동포의 사상을 깨우치고 인도하여 지식이 발달할 학문과 떠돌아다니는 생활이 어려운 국민의 생업을 지시할 방책으로 귀 협회 「공립신보」에 항상 저술하여 게재되기를 한 마음으로 바라고 백 번 절하여 빕니다. 또 아래에 기록한 몇 가지는 견줄 데 없이 긴요한 것이니 거침없이 대답하여 주시기를 바랍니다.

하나(一). 신문값 보낼 방법, 귀 신보를 내지에서도 구입해 보기를 요청하는 이가 있고 이후에도 많을 듯하니 청구하는 대로 보내어 주십시오. 가장 어려운 것은 신문 대금을 은행환으로 바꾸어서 보내려면 수수료가 많고 우편환은 대통이 못 된다고 하니 어찌할 것과 신문 대금을 거두어 보내는 수수료의 경우 원래 정한 값 외에 더 받을 것인지에 대해 자세히 알려 주십시오.

하나(一). 식목하는 법, 내지 각 신문 잡지이든 외국에 유학한 이가 말끝마다 반드시 교육과 생산이라고 하여 민족을 보존함도

여기에 있고 국권을 회복함도 여기에 있다 하니 누가 복종치 않겠습니까 만은 보통교육을 받지 못한 정도로 보면 마음이 있어도 어찌할 방향을 알지 못합니다. 다만 이같이 강령만 말하는 것은 배고픈 자에게 먹어라. 먹지 않으면 살지 못한다고 하면서 먹는 것을 얻는 방법을 가르쳐 주지 않는 것과 같습니다. 지금에 전국 산악은 민둥산이어서 나무가 없으니, 뒷날에 재목을 얻을 수도 없고 이로 말미암아 가뭄이 종종 발생합니다. 급히 나무 심는 방법을 시행하고자 하나 좋은 재목이 쉽게 되는 나무 이름도 알지 못하고 심는 법도 모르니 어찌할 수 있겠습니까? 미국의 기후가 우리나라와 비슷한 곳에서 배양한 나무 이름(영자)과 종자의 가격(미화)과 심는 절기(양력)와 여러 가지 방법을 가르쳐 주십시오.

하나(一). 목화씨 기름 짜는 법, 목화씨로 기름 짜는 기계와 일체 부품과 인천까지 오는 뱃값이 얼마나 될 것인지와 기름 짜는 각 방법을 자세히 알려 주십시오. 이것은 석유를 많이 쓰는 때에 쓸데없는 것을 알 듯하나 우리나라 사람들 중 석유를 좋아하지 않는 이는 아직도 콩기름과 깨기름을 쓰는 자가 많은데, 목화씨 기름 짤 줄을 몰라 쓸데없는 물건처럼 내버리는 것이 안타깝습니다.

하나(一). 무 사탕 제조법, 우리나라에서 지금 설탕을 많이 쓰기 때문에 수입하는 물건 중에 큰 것이 되었습니다. 사탕수수는 서북의 기후에 맞지 않는다고 하기에 시험해 보지 못하였습니다. 하지만 사탕 무우는 서양에서는 큰 농산물이기 때문에, 연전에

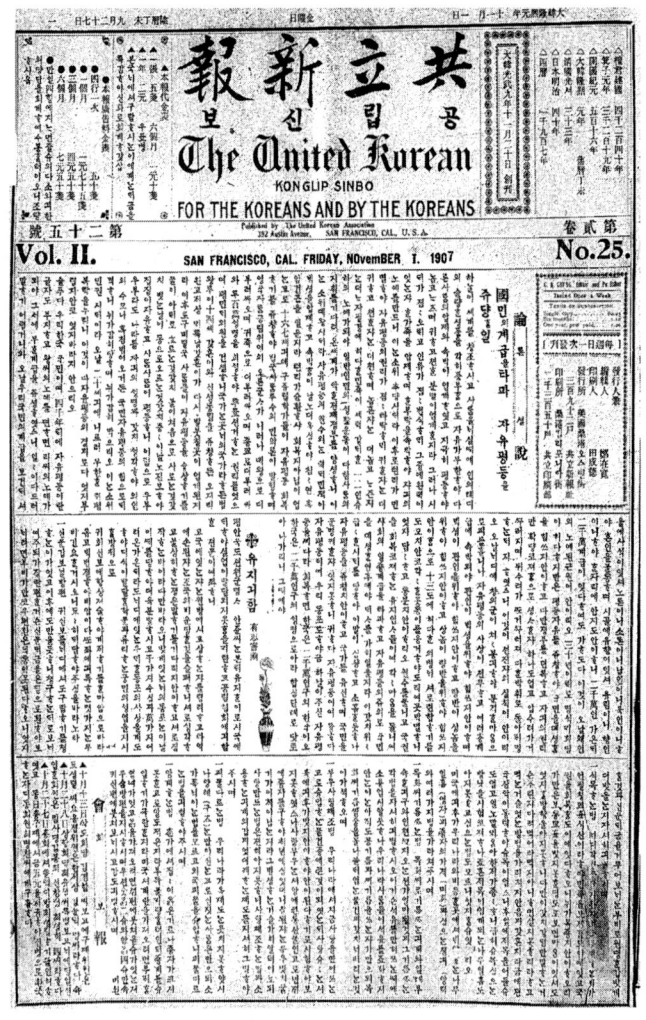

"유지기함" 「공립신보」(1909.11.1.)
© 국립중앙도서관 대한민국 신문 아카이브

종자를 구하여 채소밭에 심었더니 잘된 것은 무 밑의 굵기가 2자가 넘었습니다. 따라서 번성하는 것을 알 수 있지만, 설탕 만드는 법은 전혀 알지 못하니 설탕 제조하는 법과 쓰이는 기계의 값과 어떻게 하는지 규정을 자세히 알려 주십시오.

하나(一). 가죽 다루는 법, 우리나라 가옥 제도는 고치지 못하여 구두는 많이 신습니다. 신을 만드는 사람은 많으나 소가죽을 녹이는 법을 모르고 외국의 가죽을 수입하니 가죽을 다루는 법을 알려 주십시오.

하나(一). 닭 기르는 법, 시골집에서는 집집이 닭을 기르는데 종자가 크지 못하기 때문에 알도 적습니다. 어쩔 수 없이 개량해야 하는데 씨닭을 수입하기가 매우 어렵습니다. 미국에서 계란을 가져오려면 부패할 염려가 있고 닭을 가져오려면 배편에 부처 올 수가 있겠습니까. 어떤 방법이라도 지시하시어 우선 수닭 2마리와 암닭 4마리만 빨리 배편에 부처 보내 주시고 값도 알려 주십시오.[15]

---

15) "유지긔함(有志寄函)," 「공립신보」 1907년 11월 1일.

주공삼 장로와
평양 대부흥 소식

1907년 1월에 일어난 평양 대부흥에 관한 증언은 대부분 선교사의 기록들이다. 당시 사경회 기간에 일어난 회개와 성령의 임재에 대한 체험을 한국인들이 기록한 사례는 드물다. 그러나 전혀 없는 것은 아니다. 1907년 1월 31일과 2월 28일 자 「그리스도신문」에 평양의 주 장로가 "평양 사경회"와 "평양 래신"이라는 제목으로 기사를 게재한 사례가 있다. 주 장로는 당시 장대현교회 장로인 주공삼(朱孔三, 본명: 주진우(朱珍雨), 1875-1953)이었을 것으로 추정된다. 주공삼은 평양 출신으로 1903년에 장대현교회 장로로 선출되어 이듬해 4월에 정익로(鄭益魯)와 함께 장로로 장립했다.[1] 그 후 평양 장로회신학

---

1) 곽안련, 『장로교회사전휘집(長老敎會史典彙集)』, 19; 강규찬, 김선두, 변인서/이교남 역, 『평양 노회 지경 각 교회사기』(서울: 한국기독교사연구소, 2013), 28.

교에 입학해 공부한 후 1910년에 제3회로 졸업해 목사 안수를 받고 평안남도 평원군 영유(永柔), 갈원(葛院), 덕지(德池), 하삼(下三), 통호리(通湖里), 삼관(三館) 지역 교회를 돌보는 블레어(William N. Blair) 선교사의 동사(同事)목사로 임명되었다.[2] 그 후 도쿄 한인연합교회 담임목사(1912-1914년), 평양 연화동(蓮花洞)교회 위임목사(1914-1917년), 총회 회계(1920년), 부회계(1922년) 등을 역임했다.[3] 그의 아들이 시인 주요한(朱耀翰, 1900-1979), 소설가 주요섭(朱耀燮, 1902-1972), 극작가 및 연극 연출가 주영섭(朱永燮, 1912-?) 등이다.

주공삼은 「그리스도신문」에 게재한 2개의 기사에서 자신이 사경회에서 회개한 사실과 함께 사경회 동안에 일어난 일들에 관해서 전하고 있다. 기사의 전문을 편의상 현대어로 고쳐서 소개한다.

[평양 사경회]

해마다 양력 일원 초승에 우리 평양성에서 외촌 외읍 교회 형제들을 특별히 위하여 사경하는 전례가 된지라. 금년에도 1월 2일부터 한보름 동안 사경회를 열었는데, 평안남도와 황해 북편 형제 800여 명이 모여 일곱 군데로 분(分)하여 공부하며 밤마다 기도회로 형제들은 장대재 예배당에 모이고 자매들과 소학도(小

---

2) 『예수교장로회 조선노회 제4회 회록』(1910), 21.

3) "동경의 죠선교회," 「그리스도회보」 1912년 12월 30일; 양전백, 함태영, 김영훈/이교남 역/박용규 편, 『조선예수교장로회사기(하)』, 66, 72, 217; 강규찬, 김선두, 변인서/이교남 역, 『평양노회 지경 각 교회사기』, 73.

學徒)들은 예배당이 좁은 고로 서문 밖 중학교와 전도 사랑에 따로 모여 몇 날 기도한 후에 성신이 크게 감동함을 입어 자기의 지은 죄를 활연히 깨달아 밤마다 대성통곡하는 형제들도 많고 눈물을 흘려 옷깃을 적시지 아니하는 이가 없어 전부터 지은 죄를 들어 회중에 일어서서 목이 멘 말로 낱낱이 자복하는데 그 대강은 이러하니,

가로대 나는 사람을 속이고 재물을 먹었다 하고, 나는 형제를 사랑하지 않고 미워하였다 하고, 나는 간음을 하였다 하고, 나는 부모를 불효하고 동생끼리 불목하였다 하고, 나는 아내를 압제하였다 하고, 나는 몰래 술을 먹었다 하고, 나는 안식일을 범하였다 하고, 나는 교만한 마음이 있다 하고, 나는 남을 원망하고 교회 직분을 시기하고 제 죄는 감추고 남의 죄만 말하였다 하고, 그 외 모든 세세한 죄목을 낱낱이 드러내니 이 어떠한 일이냐? 쥐나 새나 알세라, 덮어가고 숨겨가던 죄를 어찌 이렇게 나타내어 설명하느냐? 그 굳은 마음이 어찌 이렇게 변하였느냐? 이는 다름 아니라 성경 말씀과 성신 감동함이 마치 풀무 불에 강한 쇠와 굳은돌이 다 녹는 것 같이 사람의 마음을 녹인 연고가 아니리오. 이러한 일은 수십 년 내에 우리나라에서 처음 만나보는 일이로다. 감사하고 기쁜 것은 천만 가지 입으로 다 칭송할 수가 없도다. 고로 금번 사경회 후에 슬픈 눈물들을 머금고 헤어지니 이 눈물은 어떠한 눈물이냐? 이 눈물은 붉은 죄를 다 씻고 거룩함을 이루는 눈물이요, 죽을 데에서 나와 사는 데로 들어가는 생명

물이로다. 크도다. 성신의 권능이시여.[4]

[평양 래신]

제가 예수를 믿노라고 한지가 우금(于今) 10여 년에 거룩한 교회에 집사와 영수와 장로 이름을 띠었으나 그 직분에 대하여 심히 부끄럽습니다. 저간에 혼자 즐거워한 때도 많고 눈물을 흘리며 슬퍼한 때도 있었지만 하나님의 사랑이 사해같이 넓으신 것과, 그 은혜가 하늘같이 높은 것과 제 죄가 태산같이 중하고 괴악한 것을 참으로 깊이 깨달았다 할 수 있을는지요. 이제 생각하여 보니 가슴이 답답하고 통곡만 나옵니다. 제가 자래(自來)로 우금까지 지은 죄는 마땅히 수백 번 죽는 형벌을 받을지라도 조금도 아깝지 않을지라. 이 같은 죄를 별로 극히 통회하지 않고 묻어두었으나 사랑하옵신 아버지께서 형벌로 다스리지 아니하시고 오래 참아 오시다가 1907년 1월에 성신의 크신 권능을 나타내사 모든 죄를 심판하심으로 수족이 떨리고 뼈가 쏘고 가슴이 답답하여 10여 일 동안 애통 중에 있어 낮이면 눈물이 옷깃에 젖고 음식을 먹지 못하여 밤낮으로 애를 쓰다가 필경 그 더럽고 괴악한 죄를 드러내어 형제자매 앞에 자복하니 그 어찌 시원하고 상쾌한지 말로 다할 수 없습니다. 고로 1907년 1월은 이 죄인이 죄에서 구원 얻은 달이올시다. 이제 이 몸을 끼쳐 가루가 될지라도

---

4) 쥬쟝로, "평양 사경회," 「그리스도신문」 1907년 1월 31일, 39.

그 크신 은혜의 만분지일인들 어찌 보답할 수 있으리오. 이 더러운 인생을 거룩하신 하나님께서 어찌 이같이 사랑하시는지 좁은 마음으로 다 헤아려 알 수 없도다.

저만 이 같은 은혜를 받을 뿐 아니오라 이곳에서 금년 1월 초승부터 한 보름 동안 사경한 각처 형제들도 그 같은 은혜를 풍부히 받아서 돌아갔으며 이곳 모든 직분들과 형제자매와 남녀 학도들까지 이 은혜를 다 받았으니 어떻게 감사할는지 알 수 없습니다. 그 은혜받은 일을 대강 이 아래 기록하옵나니 수월 전에 목사와 그 부인들끼리 한 주일 동안 모여 기도하고 그 후 제직회가 모여 한 주일 동안 기도하고 그 후 또 온 교우가 합하여 한 주일 동안 기도한 후 얼마 있다가 양력 1월 초승부터 사경회 시작하고 밤마다 특별히 기도회로 장대재 예배당에 모여 한 주일 동안 기도한 후에 한 날 밤에는 홀연히 통애하며 자복하는 형제들이 너무 많으므로 밤 일곱 시에 기도 시작한 것이, 새로 두 시 반까지 기다렸나이다. 이 모양으로 삼사일 밤을 지내며 루년(累年) 숨었던 죄악이 터져 능히 말로 못 할 죄들을 낱낱이 내어놓고 가슴을 치며 통곡하니 예배당 안이 마치 권문세가 상사(喪事) 남과 같이 된지라. 사경 일자가 다하므로 사경회를 파하고, 이어 목사들끼리 따로 모여 기도하며 서로서로 자복하여 큰 사랑을 얻었고, 교회 자매들도 같은 은혜를 받고자 하여 밤마다 모여 기도하다가 또 그 모양으로 가슴을 치며 통곡하며 말로 못 할 모든 죄를 낱낱이 들어 밤이 새도록 자복하는데 어떤 자매는 너무 애통하므로 기절하는 지경까지 당하였으며, 또 남녀 학도들은 각 학교에서 아침 기도회 하다가 홀연히 모든 학도가 통곡하여 선생의 목을 안고 죄를 용서하옵소서 이런 죄도 용서함을 받으리까 하니 또한 상사 난 집과 같이 되어 아침부터 오후 한 시까지 이르도록 이 모양으로 하며 자복할 때 몇몇 학도들은 기절하였습니다. 이 어찌 된 일입니까 6-7세 된 아이부터 80-90 된 노인까지 이런 일을 당하니 그때 모든 형편을 붓으로 낱낱이 그리기 어렵도다. 그 자복한 결과를 대강 말할진대 돈이나 물건을 도적한 것이든지 속인 것이든지 모두 도로 감보(勘報)⁵⁾하기로 작정하였고, 부부간에 의가 없던 것과, 형제끼리 불화하던 것과 동서 간에 미워하던 것과, 직분끼리 시기하고 원망하던 것은 서로서로 손목을 잡고 용서하여 주기를 간청함이외다.

옛날 성신이 오순절에 강림하사 제자들이 각국 방언을 말하였다는 말을 성경에서 보기는 하였으나 그 크게 나타내는 자취를 친히 눈으로 보지는 못하였더니 그 권능을 오늘날에 이 눈으로 친히 보았습니다. 만일 성신께서 이 죄악 심판을 아니 하셨다면 예수 오시는 날에 교회가 어떻게 될 뻔하였을는지 알 수 없습니다. 기쁜 목소리를 높여 찬송하옵나니 우리가 그 같은 더럽고 괴악한 죄를 지어 쌓아둘지라도 아버지께서 형벌로 멸망치 아니하시고 오늘날까지 기다리시다가 필경 성신의 뜨거운 불로 그 죄악을 드러내어 놓고 태워 없이하셨도다. 하나님이시여 이 더러운 죄인들을 왜 그 같이 사랑하십니까, 사람이 목석이 아니므로 이런

---

5) 헤아려 갚는다는 뜻.

주공삼 가족(연대 미상) [6]
© Princeton Theological Seminary, Moffett Korea Collection.

성신의 크신 자취와 그 한량없으신 사랑과 은혜를 친히 보고 받았으니 다시 죄를 가까이하고자 하면 그 무엇에 비하리오. 감사하고 기쁘도다. 더욱이 우리 직분 있는 형제들이 극진히 서로 사랑함이 생길 뿐만 아니요, 몸을 하나님께 온전히 바치고 비록 몸이 부서져 가루가 되는 어려운 지경을 당할지라도 사양하지 않고 나아가기를 맹세하고 사람의 지혜를 내려놓고 성신의 인도하심만 기다리기를 작정하였사오니 십여 일 동안 애통하고 눈물 흘림이

---

6) 왼쪽부터 장녀 주송은(추정), 부인 양금심(梁金心), 장남 주요한(가운데 위), 차녀 주성은(가운데 아래, 추정), 주공삼, 차남 주요섭.

없었으면 어찌 이러한 지경에 이르렀으리오. 오늘날 그 애통함이 변하여 즐거움이 되고 눈물이 변하여 생명수가 되었도다. 하나님께서 이곳에 먼저 이런 은혜를 주시니 이는 온 나라 교회에 다 주실 표적이라고 받기를 기다리면 받을 터이니 이때를 당하여 다른 일을 별로 힘쓰지 않고 성신 충만하기를 기다림이 매우 좋겠습니다.[7]

7) 쥬쟝로, "평양러신,"「그리스도신문」1907년 2월 28일, 71-72.

10

평양 숭실대학
제1회 졸업생 김두화와 변인서

평양의 숭실학교는 1897년 10월에 선교사 베어드가 평양 신양리에 있는 자신의 주택 사랑방에서 13명의 학생을 가르치면서 시작되었다.[1] 그 후 1900년에 5년제의 교과과정을 확정하고 9월 25일에 전체 30명의 학생이 등록한 상태에서 중학교(Pyeng Yang Academy)로 개학했다.[2] 숭실중학교는 1904년 5월 15일에 제1회 졸업생으로 노경오(盧敬五), 차리석(車利錫), 최광옥(崔光玉) 등 3명을 배출했다.[3] 숭실학교의 대학부 과정은 1905년 9월에 시작되었는데, 1906년 9월에는 장로교와 감리교가 공동으로 운영하게 되어서 연합 숭실대학

---

1) *Annual Report of Pyeng Yang Station Korea Mission for the Year 1897-1898*, 18.

2) "1900-1901년 평양선교지부 연례보고서," 김용진 역, 『윌리엄 베어드의 선교 리포트 I』, 130.
    1899년 4월 4일에 대한제국 학부가 반포한 중학교 관제에서는 수업 연한을 7년(심상과 4년, 고등과 3년)으로 정했다. "칙령-칙령 제11호, 중학교 관제,"「관보」 제1228호(1899년 4월 6일), 7.

3) 숭실대학교 한국기독교박물관 편, 『평양숭실대학 역사자료집 VI: 숭실교우회 회원 명부』(서울: 숭실대학교 한국기독교박물관, 2017), 126.

(Union Christian College)이 되었다.[4] 그 후 1908년 5월에는 제1회 대학 졸업생으로 김두화(金斗和)와 변인서(邊麟瑞)를 배출했다. 두 사람은 당시 국내 기준으로 최초의 대학 졸업생이었다. 아래 사진은 졸업 기념으로 찍은 사진인데, 두 사람의 젊은 시절 모습을 담은 유일한 사진이라고 할 수 있다.

김두화(왼쪽), 변인서(오른쪽)의 숭실대학 졸업 기념사진(1908년)[5]
© Presbyterian Historical Society

---

4) 감리교와 장로교가 숭실대학을 연합으로 운영하게 된 과정에 관해서는 다음 연구를 참고하라. 이덕주, "평양 숭실에 나타난 'union' 정신과 그 역사적 의미-평양 숭실의 '연합중학교' 및 '연합대학' 시절을 중심으로," 「한국기독문화연구」 제7집(2015.2), 5-76.
5) 이 졸업 기념사진이 공립신보사에 보내져서 1908년 11월 18일 자 「공립신보」에 논설과 함께 게재되었다.

김두화는 1884년 2월 15일에 황해도 중화군(中和郡)에서 태어났다. 1905년에 김인식(金仁湜), 김종열(金鍾烈), 장혜순(張惠淳) 등과 함께 숭실중학교를 제2회로 졸업했으며[6] 1908년 5월에는 숭실대학의 첫 번째 졸업생이 되었다.[7] 그는 대학 재학 중에 만난 안창호(安昌浩, 1878-1938)와의 인연으로 1907년 2월 평안도와 황해도 지역의 애국계몽운동 단체인 서우학회(西友學會)에 가입했고, 1908년 봄에는 신민회에 가입해 평남지회의 평의원이자 반장으로 활동했다.[8] 1908년 9월에 평양 대성학교가 설립된 후 교사로 재직했으며, 1909년 5월에는 청년학우회에 가입해 애국 청년운동을 전개했다. 그 후 1911년 10월에는 105인 사건 관련자로 체포되었다. 105인 사건은 1910년 12월 27일에 압록강 철교 준공식에 참석하기 위해 기차를 타고 가던 데라우치 마사타케(寺內正毅) 총독을 선천역에서 암살하려 했다는 혐의로 기독교 인물들을 체포, 구속한 일제의 조작 사건이다. 일제의 경무 총감부는 이 사건 혐의자 중 123명을 기소했고, 그중 105명이 1심 공판에서 유죄 판결을 받았다. 김두화는 1912년 9월 26일 경성지방법원의 제1심 공판에서 징역 6년을 선고받았고, 1913년 3월 20일에 열린 경성복심법원 공판에서는 무죄선고를 받아 석방되었다.[9] 석방 후 중국 안동현(安東

---

6) 숭실대학교 한국기독교박물관 편, 『평양숭실대학 역사자료집 Ⅵ: 숭실교우회 회원 명부』, 126.

7) 위의 책, 137.

8) 윤경로, 『105인 사건과 신민회 연구(개정증보판)』, 246, 〈표 4〉 대한신민회 국내 조직 상황표.

9) 「경성지방법원 판결문」; 「경성복심법원 판결문」, 공훈전자사료관 독립 유공자 공적 정보. https://e-gonghun.mpva.go.kr/user/ContribuReportDetailPopup. do?goTo-code=0&mngNo=1532&. [2024년 11월 4일 접속].

縣)으로 망명해 이시영(李始榮) 등과 대종교 활동에 참여했다. 해방 후 고향에 돌아왔다가 1951년 1·4후퇴 당시 월남했다. 대전의 평안도 실향민 집성촌에서 지내기도 하고, 충청북도 지역의 시골 교회와 학교를 찾아다니며 강연을 하기도 했다. 1956년 11월에 서울로 올라와 영락교회 경로원에서 지내다가 1967년 10월 12일에 별세해,[10] 영락교회 공원묘지에 안장되었다. 대한민국 정부는 2005년 8월에 건국훈장 애족장을 추서했으며, 그의 묘는 2006년 9월에 대전 국립현충원으로 이장했다.[11]

변인서는 1882년 11월 14일 평안남도 평양에서 출생했다. 평양 장대현교회에서 길선주의 지도를 받으며 신앙생활을 시작했다. 1906년 5월에 숭실중학교를 제3회로 졸업하고, 곧바로 숭실대학에 입학해 1908년 5월에 김두화와 함께 졸업했다. 그는 졸업 후 숭실중학교 교사로 활동하면서 1910년 5월에 장대현교회 집사가 되었고, 1911년 7월에는 장로가 되었다.[12] 105인 사건 관련자로 체포되어 1912년 9월 26일 경성지방법원의 제1심 공판에서 징역 8년을 선고받았으나, 1913년 3월 20일에 열린 경성복심법원 공판에서는 무죄선고를 받아 석방

---

10) "제1회 1호 졸업생 김두화 옹 임종," 「동아일보」 1967년 10월 13일.

11) 유족이 없는 김두화가 2005년 8월에 건국훈장 애족장을 추서 받을 수 있었던 것은, 당시 충남대학교 김상기 교수가 1년 넘게 사료 추적 작업을 진행하여 김두화의 독립운동 행적을 밝혀내고, 2003년에 독립 유공자 지정 신청을 했기 때문에 가능했다. 이천열, "40년 만에 햇빛 본 독립 투사 김두화 선생," 「서울신문」 2006년 8월 14일.

12) 강규찬, 김선두, 변인서/이교남 역, 「평양노회 지경 각 교회 사기」, 35. 이 책은 평양노회가 강규찬, 김선두, 변인서를 편찬위원으로 선임하여 평양 지역 각 교회의 역사를 저술하게 한 것으로, 1925년 7월에 평양 광문사(光文社)에서 초판을 발행했다.

되었다.[13] 같은 해 10월에 장대현교회 조사가 되었으며, 1914년에 평양 장로회신학교에 입학했다. 1917년 6월에 평양장로회신학교를 제10회로 졸업하고, 같은 달 14일에 열린 제12회 평남노회에서 목사 안수를 받았으며,[14] 같은 해 7월 10일에 장대현교회의 동사목사로 취임했다.[15]

1919년 3·1 운동 당시에 길선주 목사가 민족 대표 33명 중 한 명으로 구속되어 옥고를 치르고 석방될 때까지 장대현교회를 담임했으며, 1923년 9월 조선예수교장로회 제12회 총회에서 『조선예수교장로회사기(朝鮮예수敎長老會史記)』 편집부원으로 임명되어 활동했다.[16] 1926년 초에 교회 안에서 박윤근 등 청년층이 길선주 목사를 배척할 때 청년층을 지지하기도 했으며, 1927년에 대동군 동대원교회(東大院敎會) 담임목사로 옮겼다. 후에 다시 장대현교회 담임목사로 부임해 1930년 3월 평양신학교 연구과를 졸업하고, 노회장을 역임하는 등 활발하게 했지만 1933년 봄부터 다시 시작된 분쟁의 주인공이 되었다.[17] 결국 1935년부터 철산군에 있는 세평교회(世平敎會)를 담임하다가 1936년

---

13) 「경성지방법원 판결문」; 「경성복심법원 판결문」, 공훈전자사료관 독립 유공자 공적 정보. https://e-gonghun.mpva.go.kr/user/ContribuReportDetailPopup. do?goTocode=0&mngNo=1532&. [2024년 11월 4일 접속].

14) 양전백, 함태영, 김영훈/박용규 편/이교남 역,『조선예수교장로회사기(하)』, 220.

15) 강규찬, 김선두, 변인서/이교남 역,『평양노회 지경 각 교회 사기』, 40.

16) 1923년 사기 편집부는 부장에 박덕일, 서기에 정덕생, 부원에 엥겔(왕길지), 정기정, 변인서, 차상진, 김내범, 홍종필, 오득인 등으로 조직했다.『조선예수교장로회총회 제12회 회록』(1923), 51-52.

17) 옥성득, "평양 기독교 역사 09-장로교회 분쟁: 김선두, 길선주, 변인서 목사 배척 사건, 1923-1934,"「기독교사상」통권730호(2019.10), 150-151.

10월에 평양 대동군 오촌리(鰲村里)에 있는 오촌교회로 옮겨 해방될 때까지 목회했다.

김두화와 변인서의 숭실대학 제1회 졸업 소식은 미국까지 전해졌다. 1905년 4월에 안창호, 송석준, 임준기, 이강, 임치정, 방화중 등이 샌프란시스코에서 창립한 공립협회(共立協會)의 기관지인 「공립신보」는 1908년 11월 18일 자 논설에서 두 사람의 졸업사진과 함께 "논(論) 평양대학교(平壤大學校) 졸업생(卒業生)"이라는 제목의 글을 게재했다.

> 혹이 본 기자에게 말하기를 구미 열국의 교육계를 보건대 유명한 대학교가 수풀같이 섰고 학·박사 외 졸업하는 자 매년 수만 명, 수천 명에 달하되 그 나라 보관(報館)[18]에서 스스로 찬양하는 것을 보지 못하였거늘 오늘 우리 한국 평양에 있는 대학교는 구미 열국 대학교에 비하면 정도가 천양지판이오. 또 졸업생의 수효를 구미 열국 대학교 졸업생에 비하면 몇 만분의 일이라, 우리나라의 교육계의 정도가 이같이 한심하거늘 족하(足下)[19]는 격분(激憤)하게 생각하지 아니하고 한두 졸업생을 위하여 찬지양지(讚之揚之)[20]하니 어찌 부끄럽지 아니하리오. 본 기자 가로되 아니라 그대는 하나만 알고 둘은 알지 못하도다. 비유하건대 난의포식(暖

---

18) 신문사를 이르는 말.

19) 주로 편지에서 상대방의 이름 밑에 쓰는 말로, 비슷한 나이의 사람들 사이에서 상대방을 높여 이르는 말.

20) 아름다움이나 훌륭함 등을 기리고 드높인다는 뜻.

衣飽食)²¹⁾하는 부자는 금의옥식(錦衣玉食)²²⁾이 산같이 쌓였을지라도 족히 귀할 것이 없을 것이요, 차갑고 주림을 당한 궁민(窮民)²³⁾은 한 벌 베옷과 한 그릇 겨 죽이라도 즐거워하는 것과 같다. 이제 구미 열국을 보건대 수백 년 전부터 교육이 크게 발달하여 20세기에 이르러서는 동리마다 고을마다 도(道)마다 대학교가 수풀같이 섰고 매년 졸업생이 수만 명 수천 명씩 나오는 고로 조정에서 벼슬하는 자와 들에서 밭 가는 자가 다 대학교 졸업생이라. 이러므로 구미 열국 사람은 대학과 졸업생 보기를 난의포식하는 부자가 금의옥식과 같이 아느니 특별히 귀하고 찬양할 것이 없지만 우리나라 정형(情形)을 생각하건대 수백 년 내로 경성에 태학관(太學館)²⁴⁾이 있고 향읍에 상서가 있으나 제도가 있는 학교가 아니요, 다만 협잡완유(挾雜頑類)²⁵⁾를 양성하는 소혈(巢穴)²⁶⁾이라. 이러므로 그 가운데서 공부한 자 혹은 문장시(文章詩) 주송당서(周頌唐書)나 부르다가 몸을 마치며 혹은 높은 관(冠) 넓은 옷을 입고 공자맹자왈(孔子孟子曰)²⁷⁾ 하다가 세월을 허송하며 혹은 출몰경향(出沒京鄉)²⁸⁾에 무문동필(舞文同筆)하여²⁹⁾ 동포 잔해하기를 위능사(爲能

---

21) 따뜻하게 입고 배불리 먹는다는 뜻.
22) 비단옷과 흰쌀밥이라는 뜻으로, 사치스럽고 호강스러운 생활을 이르는 말.
23) 생활이 어렵고 가난한 처지의 백성.
24) 성균관(成均館)을 이르는 말.
25) 그릇된 짓으로 남을 속이거나 완고한 사람들을 이르는 말.
26) 도둑이나 악한 따위의 못된 짓을 하는 사람들이 활동의 근거지로 삼고 있는 곳.
27) 봉건적 도덕이나 유교적 가르침을 늘어놓음을 이르는 말.
28) 서울과 시골, 전국 곳곳에 나타났다가 사라졌다가 한다는 뜻.
29) 다 같이 붓을 함부로 놀려서 왜곡된 글을 쓴다는 뜻.

事)[30] 하니 문명 실제에 응용하는 과학 등 학문은 꿈도 못 꾼 바요, 배운 것은 노예 협잡뿐이라. 이러므로 나라가 무너져도 붙잡을 자 없으며 농상이 부패하여도 개량할 자 없으니, 이천만 민족이 혹동건곤(酷冬乾坤)[31]에 당야춘몽(當夜春夢)이라.[32] 일조에 외인의 유린을 당하여 이 같은 비경(悲境)에 임하였으니 이는 다름 아니라 일찍 교육이 발달하지 못하여 신세계 학문을 배우지 못함이라. 교육 발달이 어찌 우리나라의 급무가 아니리오. 수년 이래로 유지 인사들이 나라의 문명이 교육에 있는 줄을 깨닫고 방황 분주하나 그 질서에 몽매하여 완전한 재목을 양(養)함이 없는지라. 본 기자가 일찍 본국에 있을 때 평양 예수교 장로교회에서 중학교를 창립하고 학생을 모집함을 듣고 재삼 칭찬하였더니, 그사이에 점점 확장하여 또 대학교를 창설하고 그 중학교에서 졸업한 학생을 교수한 고로 금년 하기 시험에 변인서, 김두화 양 씨가 졸업장을 받고 그 졸업 예식(禮式)할 때의 사진 한 폭이 본사에 내도(來到)하였으니, 대학교라 하는 말이 삼천리강산 안에 처음 듣는 말이 아니며 본국 대학교의 졸업생이라 하는 말이 이천만 동포 가운데 처음이 아닌가?

평양대학교와 두 졸업생은 우리 한국 교육계의 효시라. 차고 주림을 당한 궁한 자에게 베옷과 나물밥이 어찌 반갑지 아니하

---

30) 잘하는 일로 삼는다는 뜻.
31) 혹독한 겨울 땅과 하늘(세상)을 이르는 말.
32) 하룻밤에 잠시 빠져들었던 덧없는 일이나 헛된 공상을 이르는 말.

리오. 오늘은 대학교가 하나지만 이로 말미암아 명년(明年) 내명년(來明年)[33] 각도 각 군에 대학교가 수풀같이 설 것이오. 오늘 졸업생이 둘이지만은 명년 내명년 각도 각 읍에 수십 명 수백 명이 될지라 어찌 기쁘지 아니하리오. 본 기자는 평양대학교의 정도를 찬양함이 아니며 졸업생의 수효를 자랑함이 아니라 다만 교육이 이를 좇아 발달하여 다른 날 문명을 기약하는 고로 이같이 찬양하노라. 혹이 옳다 하고 물러가거늘 이 말과 평양대학교 학생 졸업 예식 시의 사진 한 폭을 본보에 게재하며 다시 평양대학교를 주관하는 제씨와 이번 졸업생 양 씨에게 부탁하노니 이제 한국 형상을 한번 살펴보라. 옥야천리(沃野千里)[34] 천부지토(天府之土)[35]에 물산이 풍부하되 일찍 실업 등 학문을 배우지 못하여 탁수(擢秀)[36]하지 아니함으로 홍수맹화(洪水猛火)[37] 같은 일인(日人)의 척식회사(拓殖會社)[38]가 침입하며 단군 기자 옛 나라에 역사가 자재하고 민족이 강건하되 일찍 철학가의 신리 상 발명이 없어서 국민이 애국정신과 자유사상이 없으므로 독사 맹호 같은 일인의 침략 정책이 사행하여 전국 인민이 사후 지옥은 고사하고 생전 지

---

33) 올해의 다음다음 해.
34) 비옥한 땅이 천 리나 이어져 있다는 뜻으로, 끝없이 펼쳐진 기름진 들을 이르는 말.
35) 흙이 매우 기름져서 생산물이 많이 나는 땅.
36) 여럿 가운데서 특히 빼어나다는 뜻.
37) 비가 많이 와서 갑자기 불어난 물과 세차게 타는 불.
38) 일본이 식민지 경영을 위해 20세기 초에 설립한 국책 회사(國策會社)로 식민지 내의 자원 수탈과 노동력 착취를 위한 각종 사업과 자국민 이주 정책 등을 추진했다. 1908년 12월 한국에 설립한 동양척식주식회사와 1936년 9월 만주에 설립한 선만(鮮滿)척식주식회사가 있었다.

옥을 당하였으니 생각할지어다 귀 학교에 한국을 부강케 할 실제 응용의 각종 과학의 과정이 구비(具備)하며 귀 졸업생이 한국을 건설할 자유사상과 애국정신을 양성하였는가? 과연 그러하면 학교의 시조가 되며 학사의 선진이 되려니와 그렇지 아니하면 학교는 강적(强賊)의 군용지(軍用地)[39]를 불면(不免)하고[40] 학사는 강적의 마전졸(馬前卒)[41]이 될 터이니 속히 학교의 과정을 구비하여 예일, 하버드와 같은 완전한 대학교를 이루며 신(新) 이상을 제창하여 몽테스키외와 루소 같은 철학가 되기를 천만 앙축(仰祝)[42]하노라.[43]

---

39) 군사상의 필요에 의해 쓰이는 땅.
40) 벗어나지 못한다는 뜻.
41) 심부름꾼이나 앞잡이를 이르는 말.
42) 우러러 축하함.
43) "論說-論平壤大學校 卒業生," 「공립신보」 1908년 11월 18일. 편의를 위하여 필자가 현대어로 고쳤으며, 필요에 따라 한자와 각주를 첨부했다.

11

강릉의 기독교 전래(傳來)

작년(1899년) 납월(臘月, 12월)에 통천 고성 간성, 양양, 강릉, 삼척, 울진 등지에 다니며 하나님 말씀을 전한즉 원산이 가까운 통천 땅에서는 예수교를 들은 사람이 혹 있으나 다른 지방은 예수 씨 말씀을 모르는 중에 로마교 신부가 다니며 행세를 어떻게 하였는지 군축(窘逐)이 무쌍하더니 하나님의 도우심으로 성경을 더러 사는 사람이 있었고 금년 삼 월에 그곳에 가 보니 정궁일, 문형진 두 사람은 성신께서 빼사 마귀를 거절하였으니 참 하나님의 영광이 비추사 이 같은 기쁜 일이 있은지라. 주의 은혜와 사랑하심으로 그렇게 되었은즉 이제는 얼마큼 힘쓰고 보면 차차 밝은 빛이 일어날 터이니 감사한 말씀을 어찌 다할 수 없습니다.[1]

---

1) 윤성근, "령동 소식," 「대한크리스도인회보」 1900년 7월 11일. 필자가 현대어로 일부 수정했으며, 한자를 첨부했다.

이 글은 남감리회 전도인 윤성근(尹聖根)이[2] 1900년 7월에 「대한크리스도인회보」에 기고한 강원도 영동 지역에 대한 전도 보고 내용이다. 아마도 한글 문서로 접할 수 있는 최초의 강릉 지역 기독교 전도에 관한 내용이라고 생각한다.

강릉에 최초로 설립된 기독교(개신교) 교회는 중앙감리교회다. 이 교회는 1901년 5월 24일에 미국 남감리회 소속 선교사 하디(Robert A. Hardie, 하리영[河鯉泳])가[3] 명주동 명국성(明國聖)의 8간 초가에서 첫 예배를 드린 후, 1902년 12월 12일에 명국성의 초가에서 기도처로 시작한 것을 교회의 시작으로 기록하고 있다.[4]

---

2) 윤성근(또는 윤승근(尹承根))은 경기도 고양군 벽제 출신으로 오늘날 한국 교회사에서 '양심전'(良心錢, conscience money)으로 널리 알려진 인물이다. 불량배였던 그는 김흥순(金興順)의 전도로 기독교인이 된 후 1897년 5월에 세례를 받았으며, 고양읍 감리교회의 초기 교인으로 활동했다. 또한 1898년부터 김화(金化)를 거점으로 강원도 북부 지역에서 전도인으로 사역했는데, 활동 반경이 동해안 영동 지역까지 확장되었다. 이덕주, 『한국토착교회 형성사 연구』(서울: 한국기독교역사연구소, 2001), 137; 이덕주, 『영의 사람 로버트 하디』(서울: 신앙과지성사, 2021), 273.

3) 선교사 하디(1865-1949)는 캐나다 온타리오 출신으로 토론토의과대학을 졸업한 후 토론토의과대학 기독교청년회(YMCA)의 파송을 받아서 1890년 9월에 내한하여 서울, 부산, 원산 등지에서 의료선교사로 활동하다가 1898년 5월에 미국 남감리회 선교부로 소속을 옮겼다. "하디 연표," 이덕주, 『영의 사람 로버트 하디』, 1130-1149.

4) 기독교대한감리회 강릉중앙교회 역사편찬위원회 편, 『강릉중앙교회 팔십년사』(강릉: 기독교대한감리회 강릉중앙교회, 1982), 54.

강릉중앙감리교회(연대 미상)

태백산맥의 동쪽에 있는 영동(嶺東) 지역은 서울에 있는 선교사나
한국인 전도인들이 쉽게 왕래할 수 있는 지역이 아니어서 다른 지역

에 비해 기독교의 전도가 늦었다. 오히려 원산에서 동해안을 따라 남쪽으로 내려오는 길을 이용하거나 배를 타고 이동하는 것이 훨씬 편리했다. 따라서 감리교의 원산 지역 선교가 본격화된 이후부터 고성, 양양, 주문진, 강릉, 삼척, 울진 등에도 선교가 활발하게 진행되었다. 원산은 원래 미국 감리회의 선교 지역이었는데, 1900년부터 미국 남감리회로 이양되었다. 같은 해 9월에 원산으로 파송된 하디 선교사는 1901년 원산에서부터 남쪽으로 고성, 속초, 양양, 강릉에 이르는 지역을 방문해, 이제 막 시작된 신앙 공동체를 돌봤다.[5]

하지만 장로교와 감리교의 선교 지역 분할협정이 진행되면서 영동 지역은 1906년부터 1909년 사이에는 미국 북장로회의 선교 지역이 되었다. 이 시기에 강릉을 비롯한 영동 지역 선교를 담당한 선교사는 웰본(한국명 오월번吳越璠)인데, 그는 1900년 10월에 내한해 서울선교지부 소속으로 경기도, 황해도 배천, 강원도 철원, 원주, 춘천 등 매우 넓은 지역을 순회하면서 전도했다. 1908년 초에 미국 북장로회 한국선교회는 강릉이나 원주에 새로운 선교지부를 설립하려고 했던 것으로 보이며, 책임자로 웰본을 염두에 두고 있었다.[6]

당사자인 웰본은 강릉보다는 원주에 선교지부를 설치하려고 했는

---

5) "Condensed Report of the Wonsan Circuit for the Year 1901," *Minutes of the Fifth Annual Meeting of the Korea Mission of the Methodist Episcopal Church, South* (Sept. 14, 17-18, 1901), 25. 강릉중앙교회 외에 간성교회, 양양교회 등의 감리교회도 설립 연도를 1901년으로 기록하고 있다. 이덕주, 『영의 사람 로버트 하디』, 1179, 1182.

6) "서울의 새디가 군산에서 남성 공부반을 가르치고 있던 아서에게 보낸 편지-신설 원주지부를 웰본의 관할로 하는 것에 대한 논의," 프리실라 웰본 에비/강현희, 김현수 역/김현수 편, 『한국 선교사역의 확장기, 1906-1909』(콜로라도 스프링스: 에스더재단, 2020), 118.

데, 1908년 3월 18일에 해외 선교부의 브라운 총무에게 보낸 편지에서 자신의 의견을 이렇게 밝혔다.

지도에서 알 수 있듯이 강릉은 서울에서 동쪽으로 거의 일직선상에 있습니다. 해안에서 3마일, 우리 북쪽 경계에서 약 15분 거리에 있어서 모든 영토가 실질적으로 남서쪽에 있습니다. 일본 인구 조사서에 따르면 지역 이름을 모르는 이에게는 명확하지 않지만, 강릉 지역의 인구는 원주의 절반 정도밖에 되지 않고 '개척할 수 있는' 인접한 영토가 남북으로 두 방향에만 있다는 단점이 있습니다. 이 지역을 순회하려면 두 경우 다 약 300리를 이동해야 합니다. 그러나 원주는 많은 인구의 중심에 적당한 규모의 지부를 가질 수 있습니다. 이에 반해 강릉은 절대로 두 명 이상의 교역자를 둘 수 없으며, 비율적으로는 다른 큰 지부와 비슷한 의료 및 학교 시설이 필요할 것입니다. 감리교단은 강릉에 지부를 세우는 것을 고려하다가 출입이 너무 어렵다는 이유로 포기했습니다. 교통 문제는 점점 더 어려워지고 있습니다. 예전에는 말 한 필과 사람 한 명을 구하는 데 하루에 25센트를 지불했지만, 이제는 70센트가 필요합니다. 지난 몇 년 동안 우리가 발견한 가장 큰 이점 중 하나는 대규모 반에서 사역자들을 교환하는 것입니다. 강릉에서는 이것이 거의 불가능할 것입니다. 제가 군산에 내려가서 남장로교에서 주최하는 공부반을 돕고 있을 때 그분들은 해안에 지부를 세운 것이 큰 실수였던 것 같다고 했습니다. 그들의 지역이 한꺼번에 반으로 잘리고 분할에 의해 북쪽마저 잘려

나가게 되면 지부의 본거지로서 상상이 안 되는데, 제가 보기에
는 강릉의 경우가 그와 같습니다.[7]

아서 웰본(1900년)
© Presbyterian Historical Society

---

7) "감리교단과의 지역 분할에 관하여 서울의 아서 웰본이 뉴욕의 아서 브라운 박사에게 쓴
   편지(1908년 3월 18일)," 위의 책, 122.

1908년 12월 15일 자 「그리스도신문」에는 서광호가 전하는 강릉읍 교회의 상황이 이렇게 게재되었다.

경계자 교제는 본래 황해도 연안 사람으로 이곳에 와서 살다가 온 집안 식구가 다 주를 믿사옵고 또 가친의 신병(身病)까지 나았사오니 하나님 은혜 감사하외다. 하나님 인도하심으로 경성 본교회 곽 목사 안연 씨가[8] 전도사 김인수 씨를 보내심으로 성경 공부와 교회 조직을 잘하고, 또한 주일 기도회 할 때에 자기 죄과를 통회 자복한 이가 40여 인이요, 자매가 17인이며 김인수 씨의 전도함으로 새로 믿는 형제가 14인이오. 또 전도인 택립(擇立)하기 위하여 형제자매가 열심히 연보(捐補)하는 중에 김인수 씨 신화(新貨) 1환(圜)과 박치순 씨 22전을 연보하여 봉관준 씨를 전도인으로 택정하였으니 하나님의 은혜를 감사하오며, 또 명국승 씨는 죄과를 애통하므로 전에 탕감함을 받았던 빚을 다시 갚기로 작정하고, 박승화 씨의 진실히 믿음과 김치만 씨는 노름으로 조일선 처에게 엽전 300냥을 지게 했더니 이번 죄과를 회개하고 그 수표를 도로 주었사오니 하나님 은혜 더욱 감사하옵나이다. 각처 교회에서는 본 교회가 더 흥왕하기 위하여 기도로 도와주옵소서.[9]

---

8) 미국 북장로회 선교사 클락(Charles Allen Clark, 곽안련[郭安連])을 말한다. 그는 1908년 12월 당시 서울 승동교회를 담임하고 있었다.

9) 서광호, "강원도, 강능읍," 「그리스도신문」 1908년 12월 15일. 필자가 현대어로 고치고, 필요에 따라 한자를 추가했다.

이즈음의 강릉읍교회는 나름대로 발전하고 있었던 것 같다. 서울 승동(勝洞)장로교회의 클락 선교사가 김인수 전도사를 파송했고, 교인들도 주일 기도회 중에 회개하는 사람들이 많았다. 또한 스스로 연보해 전도인 봉관준을 세웠고, 여러 교인이 자신의 죄를 회개하고 생활 습관을 고친 사례를 확인할 수 있다.

1909년 9월에는 장로교와 감리교의 선교 지역 분할협정이 완료되면서, 원주에 장로교 선교지부를 세우고 강릉까지 관할하려고 했던 웰본의 소망과는 달리 강릉을 비롯한 영동 지역은 다시 미국 감리회로 환원되어 원주 지방(Wonju District)에 소속되었다.[10] 이런 이유로 1909년 이후부터 1945년 해방 전까지 강릉 지역은 감리교회의 선교 지역이 되었다. 물론 장·감 선교 지역 분할협정과 상관없이 교회를 세운 교단도 있었는데, 1923년 3월에 경성성서학원 지방 전도대가 강릉읍 용강정(龍岡町) 28번지 박신동의 집에 기도처를 정하고 조선예수교 동양선교회 성결교회(기독교대한성결교회의 전신) 강릉교회를 시작한 사례가 있었다.

---

10) 1909년 9월에 미국 북장로회와 감리회 사이에 맺은 지역 분할에 관한 협정(Agreement on Division of Territory)에서 강원도 원주, 횡성, 평창, 영월, 정선, 강릉, 삼척, 울진, 평해 지역을 감리회의 선교 지역으로 정했다. "Agreement on Division of Territory," *Minutes and Reports of the Twenty-Fifth Annual Meeting of the Korea Mission of the Presbyterian Church in the U.S.A.* (Aug. 24-Sept. 1, 1909), 2.

12

◆ ━━━━ ◆

대구제일교회와
부산진교회 당회록 이야기

현재 남아 있는 경상도 지역 장로교회 당회록(堂會錄) 중 대표적인 것은 대구제일교회 당회록과 부산진교회 당회록이다. 장로교회의 당회(Consistory, session)는 장로교회 치리회(당회, 노회, 대회, 총회 등) 중 지교회에 설치되는 치리회다.[1] 지교회의 최고 의사결정기구는 공동의회이지만, 치리회인 당회가 통상적인 치리(治理), 즉 교회와 교인의 도덕적인 일이나 신앙과 관련한 일을 처리한다. 따라서 당회가 열릴 때마다 그 회의 내용을 기록한 당회록은 교회와 교인에 관한 많은 내용을 담고 있는 역사적 문서이기도 하다.

---

1) 장로교회의 당회는 지교회의 시무 목사와 시무 장로로 구성한다.

대구제일교회의 당회록은 1898년 12월 18일에 열린 제1회 당회록부터 남아 있는데, 이 당회록은 경상도 지역 장로교회 당회록 중 가장 이른 시기의 것이라고 할 수 있다. 물론 대구제일교회 제1회 당회(1898년 12월 18일)부터 제75회 당회(1904년 12월 8일)까지 기록을 정식 당회록으로 볼 수 있는지에 대한 의견이 있지만,[2] 그럼에도 대구제일교회 당회록은 경상도 지역 장로교회의 치리 상황을 담고 있는 최초의 기록인 것은 분명하다.[3]

부산진교회 당회록은 1904년 5월 27일에 열린 제1회 당회록부터 남아 있는데, 한국인 장로를 장립한 후 선교사 당회장과 한국인 장로로 구성한 당회의 기록으로는, 현존하는 당회록 중 경상도 지역뿐 아니라 전국에서 가장 이른 기록이라고 할 수 있다.[4]

---

2) 대구제일교회가 한국인 장로(김성호, 박덕일)를 장립한 것은 1907년 6월이며, 당회장 아담스 (James. E. Adams, 안의와安義窩) 선교사와 박덕일 장로가 모인 첫 당회(제98회)는 1907년 6월 28일에 열렸다. 대구제일교회 초기 당회록에 대한 역사적 의의에 관해서는 다음 연구를 참고하라. 채승희, "대구제일교회 당회록: 그 의미와 대·경 지역 교회 역사 세우기," 「신학과 목회」 제63집(2025), 43-68.

3) 대구제일교회 당회록은 현재 남아 있는 한국 장로교회의 당회록 중 가장 이른 시기의 기록이기도 하다. 서울 새문안교회 당회록은 1910년 11월 19일 당회록부터 남아 있으며, 평양 장대현교회 당회록의 현전(現傳) 여부는 확인되지 않았다.

4) 1890년대부터 1910년대 사이에 기록이 시작된 당회록은, 대구제일교회(1898), 부산진교회 (1904), 전주서문교회(1909), 새문안교회(1910), 삼례제일교회(1911), 완주 소농교회(1911), 경북 안동교회(1913), 김포읍교회(1913), 김포 송마리교회(1915), 풍각제일교회(1916), 예천 상락교회(1916), 부산 초량교회(1917), 청송 수락교회(1919) 등이 있다.

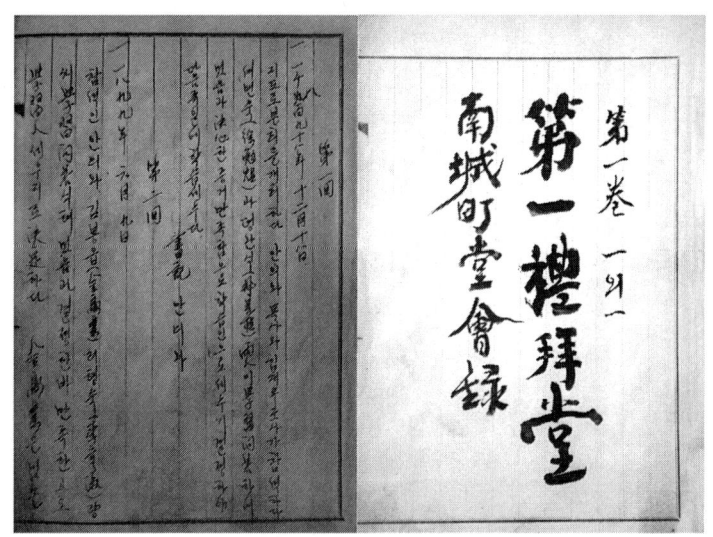

대구제일교회 당회록(속표지, 제1-2회)[5] 대구제일교회 소장

　　대구제일교회 당회록에서 필자가 흥미롭게 본 내용은 천주교인 중
에 장로교에 입교한 사람들에 관한 기록이다. 특히 1899년부터 1901
년 사이에 입교한 교인 중에 이런 사람들이 꽤 있었다는 것을 알 수
있다. 이와 관련한 당회록 내용을 추려 보면 다음과 같다.

---

5) 속표지에 적혀 있는 '남성정(南城町)'이라는 행정동명은 일제가 1911년 11월에 일본식 동명
(洞名)을 사용하면서부터 쓰기 시작했으므로, 1898년 12월 18일부터 기록된 당회록이 1911
년 이후에 필사된 것일 수도 있다. 책장이 접힌 판심(版心)에도 '남성정교회용지(南城町敎會用
紙)'라는 판심제(版心題)가 인쇄되어 있다. 대한제국 말기와 일제 초기 대구의 행정구역 및
동명 변화에 대해서는 다음 자료를 참고하라. 대구시사편찬위원회 편, 『대구시사 제1권』(대
구: 대구광역시, 1995), 925-927; 정병호 역, 『국역 대구부읍지(國譯 大邱府邑誌)』(대구: 대구광역시
문화예술정책과, 2021), 26-32.

횟수	일시	내용
4회	1899. 6. 28.	김봉명(金峯明) 씨 학습 문답시켜 만족한 증거 있으므로 허락하기를 결의하다. 김봉명은 전에 롬아교인인 고로 여러 가지 자기 공로를 의지하여 구원 얻을 줄 아는 거짓 이치 많으나, 믿음으로만 구원 얻을 이치 희미하게 깨달은 모양이라.
6회	1899. 12. 2.	리춘약(李春約) 씨 학습 문답시킴. 이는 본래 롬아교인이었으되 건실하게 잘 다니고 믿은 후 여러 가지 개정한 것을 친구의 증거가 확실하니 다음 주일 학습인으로 세우기 결정하다.
7회	1899. 12. 2.	김경익(金敬益) 씨 학습 문답하기 위하여 계속 개회하다. (중략) 김경익 씨는 롬아교인인데 이미 세례를 받았다. 예수교회의 중대한 진리 이미 깨닫고 또한 롬아교회 불합한 것을 깨달음으로 학습인 세우기 결정하다.
11회	1900. 2. 7.	리춘약 세례 문답시키기로 회집하다. 안의와에게 문답키로 위임하여 만족하면 세례 주기를 허락하다. 리춘약은 이미 학습인이요 중생 입은 증거가 있고, 중한 병 걸리기까지 회집 잘했다. 이제 폐병으로 죽게 되었더라.
15회	1900. 4. 14.	김사일(金士一) 문답하는데 한 십오 년 동안 롬아교인으로 다녔으되, 삼십 년 전 본처 갈림으로써 세례를 못 받았더라. 그 본처 수년 전에 죽고 자기가 팔 삭 동안 다니며 여러 서적을 보았으니 예수교회와 롬아교 원리에 대하여 대강 분별 잘 함으로 받기를 결의하다.

---

6) 임병규 편역/대구제일교회 편찬, 『대구제일교회 당회록』(서울: 한국장로교출판사, 2023), 27-38.

24회	1901. 1. 24.	김재홍(金在洪) 학습 문답한즉 여러 해 동안 롬아교인으로 자기와 온 가족 속한 사람이더니 권고하기를 신부에게 가서 이후부터 제명하여 달라 하라 한즉 그대로 허락하다. 이중백(李仲伯) 롬아교회로 몇 달간 다녔으되 문답시키니 다음 주일 세우기 허락하다.
30회	1901. 5. 24.	김경익은 십칠 삭 전에 학습 세웠더니 그간에 한번 죄에 빠졌으되 진실한 마음으로 회개하였다. 그 아내는 전에 롬아교회에서 세례 받았더니 이제 그 아내가 롬아교인이로되 가정 기도하기를 권고하다. 롬아교회에서 이미 받은 세례는 참 세례로 알았은즉 그대로 입교인으로 세우기 허락하다.
31회	1901. 5. 25.	일 년 이상 전에 학습 세운 김사일 문답하니 성례(聖禮) 대하여 별 교훈 받지 못함으로 문답이 부족하나, 성례 공부 자세히 하고 밤에 다시 성례 대하여 문답키로 유한하다. 석(夕) 후 계속 회집하여 문답 아직도 분명치 못하니 후일까지 유한하다. 주일 하오 계속 회집하여 또 한 번 세례 문답 분명치 못하고 당자가 답답한 형편 보였으되 받기로 허락하다.

이렇게 천주교인 김봉명, 이춘약, 김경익, 김사일, 김재홍, 이중백 등이 장로교인으로 입교한 것을 알 수 있고, 천주교에서 세례를 받은 김경익은 학습 교인으로 받았다가 천주교의 세례를 인정해 입교인으로 허락한 것을 알 수 있다. 또한 김재홍은 천주교 신부에게 가서 제명을 요청하게 한 후에 학습 교인으로 받았다.

대구 지역 천주교는 1886년에 대구 경북 지역에서 최초로 대구 본당이 설립되고 초대 주임으로 로베르(Achille Paul Robert, 김보록金保錄)

신부가 부임하면서 공개적인 선교 활동을 시작했다. 하지만 로베르 신부는 박해의 여파가 남아 있는 대구 읍내에서는 선교 활동이 어렵다고 판단해 신나무골(칠곡군 지천면 연화리)에 임시로 본당을 설치했다가, 1888년과 1891년 두 차례에 걸쳐 새방골(대구시 서구 상리동 일대)의 죽전(竹田)으로 거처를 옮겼다.[7] 같은 해 2월에 비신자들에 의해 위협을 받고, 경상 감사 민정식(閔正植)에 의해 추방되는 사건을 겪었지만, 프랑스 공사 플랑시(Collin de Plancy)의 개입으로 해결된 후 더욱 활발하게 선교 활동을 하게 되고 1898년 9월에는 계산동에 한옥식 성당을 완공했다.[8]

미국 북장로회 대구선교지부의 아담스 선교사는 로베르 신부 사건과 대구·경북 지역의 천주교 교세 등을 잘 파악하고 있었으므로, 장로교인이 되려고 하는 천주교인에 대해서 조심스러운 태도를 가지고 있었다. 특히 천주교에서 세례를 받고 주요 인사로 활동하던 사람에 대해서는 천주교로부터 공식적인 탈퇴 절차를 거친 후에 입교하도록 했다. 아담스는 이에 대해 다음과 같은 기록을 남겼다.

7) 한국교회사연구소, 『한국천주교회사 4』(서울: 한국교회사연구소, 2011), 314.
8) 1891년 로베르 신부 사건에 플랑시 공사가 개입하여 해결한 것에 관하여 개신교 선교사들도 종교의 자유(선교 활동의 자유)가 주어진 것으로 이해하는 분위기였다. "1891년 3월 27일에 언더우드가 엘린우드에게 보낸 서신," 이만열, 옥성득 편역, 『언더우드 자료집 I』(서울: 연세대학교 출판부, 2005), 251. 1891년 로베르 신부 사건의 발생과 결과, 사건이 천주교 선교 활동과 개신교 선교 활동에 끼친 영향 등에 대해서는 다음 연구를 참고하라. 양인성, "1891년 대구 로베르 신부 사건 연구," 「교회사 연구」 제44집(2014), 217-244.

저는 그들을 다그치지 않았습니다. 저는 이곳 지역을 담당하는 천주교 사제를 방문해서 이 문제에 관해 대화할 예정입니다. 대구는 이 나라에서 가장 강력한 천주교의 중심지 중 한 곳이므로, 저는 가능한 마찰을 피하려고 애를 씁니다. 저는 이전에 천주교의 지도자였던 그자가 성당의 사제를 만나서 자신의 의도를 전달하고, 품위 있고, 질서 있게 천주교회에서 나오는 모습을 보여줄 때까지, 그를 저희 학습 교인으로 받아들이지 않겠다고 했습니다.[9]

물론 천주교에서 옮겨온 이들이 모두 잘 정착한 것은 아니다. 이춘약은 폐병(폐결핵)으로 사망 직전이었기에 학습 교인이 된 지 두 달 만에 세례를 받았고 곧바로 세상을 떠났다. 김봉명은 학습 교인이 되었지만, 부인이 동거한 지 12일 만에 도망가고 다른 여자를 취했는데, 부인이 다시 돌아와서 10-15일 동안 두 여자와 동거했으므로 학습 교인의 자격을 박탈당했다가 교회에서 공개적으로 자복한 후 다시 학습 과정에 참여하기도 했다.[10] 김경익은 1902년 5월 28일에 열린 제42회 당회에서, 회사의 회계로 있으면서 금전을 사취한 일과 다른 사람의 돈을 횡령한 일 때문에 출교(黜敎)당했으며,[11] 이중백은 예배당의 고자(庫子), 즉 교회 창고의 출납을 맡아보았는데, 술을 먹고 다른 사

9) 채승희 역/대구제일교회 편찬, 『안의와 선교사 자료집』(서울: 기독교문서선교회, 2024), 188.
10) "제10회(1900년 1월 19일)," "제13회(1900년 3월 15일)," 임병규 편역/대구제일교회 편찬, 『대구제일교회 당회록』, 29-30.
11) "제42회(1902년 5월 28일)," 위의 책, 44.

람과 싸움도 하고 자살 시도까지 해서 해고하기로 결정했다가 한 번 더 용서해 준 일도 있었다.[12] 이에 비해 1901년 5월 25일에 열린 제31회 당회에서 어렵게 세례 문답을 통과한 김사일은 1903년 6월 21일에 열린 제64회 당회에서 영수(領袖)로 세워졌다.[13]

부산진교회의 제1회 당회는 1904년 5월 27일에 열렸는데, 이 첫 번째 당회록에는 엥겔(Gelson Engel) 선교사가 심취명(沈就明, 1875-1958)을 장로로 장립한 후 의사 커를(Hugh Currell) 선교사와 함께 당회를 조직한 내용이 기록되어 있다. 그 내용을 옮기면 다음과 같다.

> 장로공의회와 경상도 목사들이 심취명으로 부산교회 장로로 택한 것이 좋다 하고 또 경상도 위원들이 심취명의 교회법과 성경요리문답 아는 것을 족하다 한 후에 장로의 직분을 세우기를 허락하였으니 부산교회 주장하는 왕길 목사가 주 강생 일천구백사 년 오 월 이십칠 일에 심취명을 교회법대로 장로로 삼았더라.
>
> 그리한즉 마침내 왕길 목사의 공부방에 목사와 장로와 거열 의원 장로로 함께 모여서 목사가 기도하여 교회법대로 온전하고 참된 당회를 세웠느니라.
>
> 의안대로 당회 일과 당회록을 조선 방언으로 하려고 작정되었느니라.
>
> 당회 서기는 심취명을 택한 것이라.

---

12) "제40회(1902년 5월 18일)," "제41회(1902년 5월 24일)," 위의 책, 43-44.
13) "제64회(1903년 6월 21일)," 위의 책, 56.

장로공의회에서 작정한 당회록 책과 성찬 렬명 책을 사기를 동의한 후에 가결되었느니라.

당회 위원이 세 명이라도 그중 둘이 모이면 당회 일 보기에 족하기를 작정하였느니라.

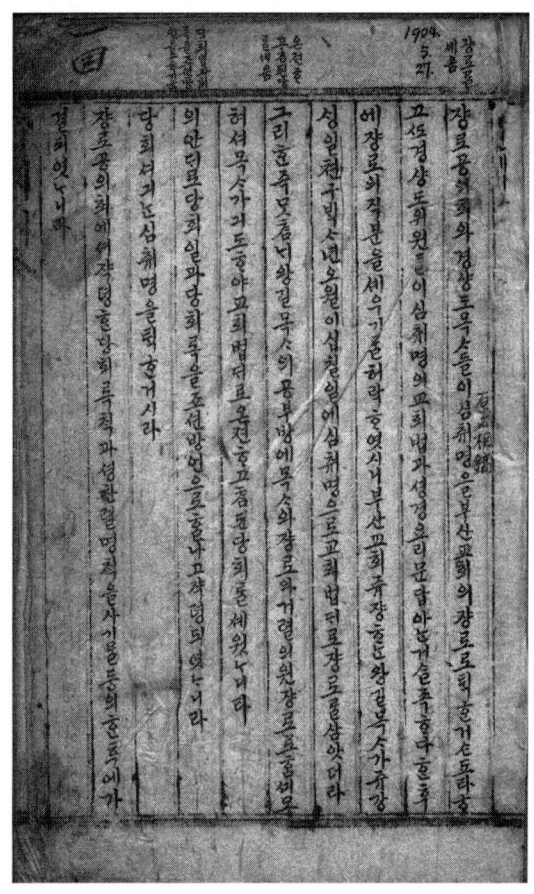

부산진교회 제1회 당회록
ⓒ 국사편찬위원회 전자사료관

폐회하기를 가결되었으니, 복을 빈 후에 폐회하였느니라.

서기 심취명

왕길 목사

경상도 지역 장로교회의 첫 번째 장로인 심취명의 본명은 심상호(沈相鎬)였으나 1895년 11월에 세례를 받으면서 심취명으로 개명했다. 그의 형 심상현(沈相炫)은 2년 동안 멘지스(Belle Menzies) 선교사의 어학 선생으로 일하면서 1894년 4월 22일에 세례를 받아 부산 지역의 첫 번째 세례교인 중 한 명이 되었다.[14] 심상현은 1894년 10월 중순에 갑자기 세상을 떠났는데, 그 후에 아버지 심인택과 어머니, 동생 심취명이 기독교인이 되었으며, 1895년 11월에 가족이 함께 세례를 받았다.[15]

심취명은 형의 뒤를 이어 선교사들의 어학 교사, 일신여학교 교사, 비공식 조사 등으로 일했으며, 1904년 5월 27일에 부산진교회의 장로가 되었다. 또한 1904년 7월에 평양 장로회신학교에 입학해 공부한 후 1910년 6월에 제3회로 졸업했다. 2년 동안 강도사로 시무한 후에 1912년 7월 2일에 열린 제3회 경상노회에서 경남 지역의 첫 번째 목사로 안수받은 후 경북 풍기읍교회에서 웰본 선교사와 동사목사로 1년간 목회했다.[16] 그리고 1913년 12월 31일에 열린 제7회 경상노회에

---

14) 심취명과 함께 2명의 할머니도 세례를 받았는데, 멘지스의 어학 교사인 이도념(李道恬)과 귀주(貴珠)였다. "베어드의 1894년 5월 3일(목) 일기," 이상규 역, 『숭실 설립자 윌리엄 베어드의 선교 일기』(서울: 숭실대학교 한국기독교박물관, 2013), 78-79.

15) 양명득 편저, 『호주 선교사 겔슨 엥겔』, 133.

16) 최병윤 편, 『조선예수교장로회 경상도노회 회록(1911-1916)』(부산: 부산 경남 기독교 역사연구회, 2009), 11-12.

서 엥겔 선교사와 부산진교회에서 동사목사로 목회할 것을 허락받아 1914년 1월 7일에 위임식을 거행했다.[17]

심인택 가족(1894년, 앞줄 심인택 부부, 뒷줄 왼쪽부터 심상현 부부, 심취명)
© Princeton Theological Seminary, Moffett Korea Collection

17) 위의 책, 41, 45.

13

◆───◆

자원(紫園) 이수삼(李秀三) 전기

장로교회가 발행하던 기관지 「예수교회보」는 1913년
3월과 4월에 젊은 나이로 세상을 떠난 한 기독교인 청년에 대한 전기
를 네 차례에 걸쳐 게재했다. 이 청년은 서울 안동교회(安洞敎會)의 교
인인 이수삼이었다. 그는 1910년에 기독교인이 되어 안동교회에 출석
하면서 한석진 담임목사의 지도를 받았는데, 1913년 초에 26살의 나
이로 세상을 떠났다. 그의 아버지 이필영(李弼永)은 곤양군수, 박천군
수, 파주군수, 칠곡군수, 김포군수, 의흥군수, 내장원독쇄관사무(內藏院
督刷官事務), 문부심리위원(文簿審理委員) 등을 지냈다.[1] 그의 전기를 연

1) 『승정원일기』 고종 8(1871)년 10월 7일, 11월 1일; 고종 13(1876)년 4월 6일; 고종 24(1887)년 3
   월 6일, 11월 23일; 고종 32(1895)년 1월 14일; 고종 34(1897)년 8월 2일(양력 8월 29일); 고종
   38(1901)년 3월 14일(양력 5월 2일); 4월 14일(양력 5월 31일); 고종 39(1902)년 7월 22일(양력 8월
   25일); "심부위원," 「황성신문」 1905년 5월 1일.

재한 이유는 자세히 알 수 없지만, 신문 기사의 내용으로 봐서, 기독교에 입교한 후 3년이라는 짧은 기간 동안 보인 그의 삶과 신앙이 모범적이었다는 이유와 장래가 촉망되는 청년이 너무 일찍 세상을 떠난 안타까움이 함께 작용한 것으로 짐작할 수 있다.

이수삼의 생애를 소개하면 다음과 같다. 그의 본관은 전주(全州)이고, 자(字)는 경지(景芝), 호는 자원(紫園)이다. 그는 1880년 9월 17일에 부친 이필영과 모친 경주 김씨 사이에서 태어난 것으로 알려졌는데,[2] 그가 별세한 나이가 26세라고 신문 기사에서 말하고 있고, 1910년 6월에 발행한 「보중친목회보(普中親睦會報)」에서 그의 나이를 24세로 기록하고 있어서,[3] 그의 출생 연도는 1880년이 아니라 1886년 또는 1887년으로 추정된다.

그는 13세에 이응익(李應翼)의 딸과 결혼했는데, 세상을 떠날 당시에 세 살 된 자녀가 있었다. 장인 이응익은 1883년 2월에 승문원(承文院) 이문학관(吏文學官)에 임명된 이후, 기기국(機器局) 사사(司事), 통리교섭통상사무아문 주사를 지냈고, 1894년 갑오개혁 때에는 공조 참의에 제수되어 군국기무처 회의원으로 참여했다. 그 후 승정원 좌승지, 학부 학무국장, 한성사범학교 교장 겸 참사관, 외국어학교 교장, 법부 민사국장, 한성재판소 판사, 중추원 의관, 특별법원 판사 등을 역임했다. 1902년 12월에는 해서사핵사(海西査覈使)로 임명되어 천주교 관련 교안(敎案)의 진상을 조사한 후 1903년 4월에 「해서사핵사보(海西査覈使報)」

---

2) 이유웅, "자원전(紫園傳) (一)," 「예수교회보」 1913년 3월 25일
3) "보성중학교 제1회 졸업생 연령급 주소," 「보성친목회보」 제1호(1910.6.10), 150.

를 작성했다. 1907년에는 종2품 장례원 전사(典祀)에 임명되었고 1910
년 7월에 정2품으로 승품했다.[4]

이수삼은 1906년 9월에 개교한 보성중학교(普成中學校)의 첫 입학생
으로 들어가서[5] 1910년 4월에 제1회로 졸업했는데, 전체 졸업생은
75명이었다.[6] 그는 보성중학교에 재학하면서 대동법률전문학교(大東
法律專門學校)[7]에서도 공부한 것으로 보인다. 보성중학교를 졸업한 후
에는 보성중학교 친목회(보중친목회)의 토론부 제의(提議)와 윤기섭(尹琦
燮)의[8] 뒤를 이어 회장직을 맡았다. 또한 「보중친목회보」 창간에 관여

---

4) 『승정원일기』 고종 20(1883)년 2월 18일; 고종 21(1884)년 7월 4일; 고종 27(1890)년 1월 29일,
   10월 29일; 고종 31(1894)년 6월 23일, 25일, 7월 18일; 고종 32(1895)년 4월 29일, 5월 5일;
   고종 33(1896)년 1월 11일, 2월 14일; 고종 34(1897)년 3월 30일; 고종 35(1898)년 2월 20일;
   고종 39(1902)년 12월 24일; 순종 1(1907)년 12월 14일; 순종 4(1910)년 7월 23일.

5) 보성중학교는 1906년 9월 5일에 이용익이 학부의 설립 인가(認可)를 받은 후, 교장에 신해
   영을 임명하고, 신입생 260여 명을 모집하여 같은 해 9월 16일 한성부 중서(中署) 박동 10통
   1호(현 수송동 46번지)에서 개교했다. 개교 당시 입학 연령은 15세부터 25세 이하였으며, 수
   업 기한은 4년이었다. "학원 모집 광고," 「황성신문」 1906년 8월 16일; "개학 일자," 「황성신
   문」 1906년 8월 17일; "보교진흥(普校振興)," 「황성신문」 1906년 12월 5일.

6) "양교(兩校) 졸업식(卒業式)," 「대한매일신보」 1910년 4월 2일; "졸업생 청연(請宴)," 「황성신문」 1910
   년 4월 8일; "보성중학교 제1회 졸업생 연령급 주소," 「보성친목회보」 제1호(1910.6.10.), 149-152.

7) 대동법률전문학교는 1908년 2월에 대동학회(大東學會)에서 설립했으며, 설립 당시 교장은
   법부대신 조중응(趙重應), 교감은 박승혁(朴承爀)이었다. 1890년대부터 1910년대까지 설립된
   사립 법률학교에 관해서는 다음 연구를 참고하라. 김자중, "갑오개혁기-병합 초기(1910년대)
   사립법률학교에 관한 연구," 「교육문제연구」 통권 제70집(2019.2), 117-144.

8) 윤기섭(1887-1959)은 경기도 파주군 내면(內面) 파주리 마산동(馬山洞) 출신으로 보성중학교
   1회 졸업생이다. 1907년 2월에 보성중학교 토론회가 조직될 때부터 회장을 맡았으며 1908
   년 9월에 토론회를 보중친목회로 바꾼 후에도 회장으로 활동했다. 졸업 후 전남 영광의 광
   흥학교(光興學校) 교사로 부임하면서 보중친목회 회장을 사임했다. 그 후 평북 정주의 오산
   학교 교사로 부임했으며, 1911년 이후에는 만주에서 이시영, 이동녕 등과 함께 경학사(耕學
   社)와 신흥무관학교를 설립하고 10년 동안 학감과 교장으로 재직했다. 「보중친목회보」 제1
   호(1910.6.10.), 143, 145, 149, 152; 「보중친목회보」 제2호(1910.12.31), 111; 권두연, "청년학우회
   의 활동과 참여 인물," 「현대문학의 연구」 48(2012), 142.

해 편집원, 제술원(製述員), 편집 겸 발행인으로 「보중친목회보」 제1호
(1910년 6월)와 제2호(1910년 12월)를 발행했다.[9] 또한 "동물 진화의 개
의(槪意)", "박테리아를 박멸하는 백혈구", "X 광선", "물질적 욕망 여
(輿) 이상적 욕망" 등의 글을 게재했다.[10]

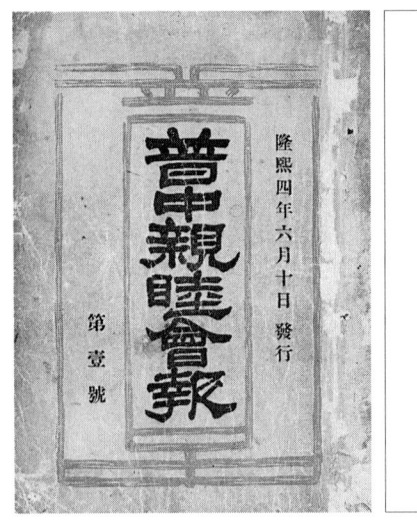
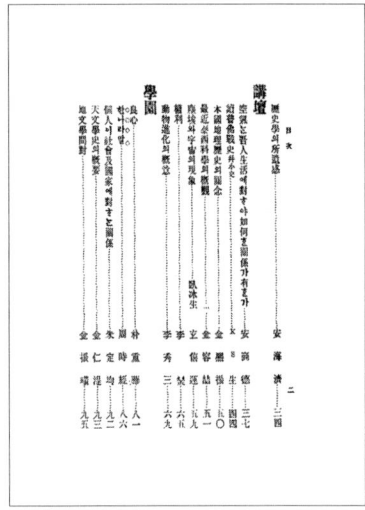

「보중친목회보」 제1호(표지, 목차)

---

9) "보교 잡지 계획," 「황성신문」 1910년 4월 3일; 「보중친목회보」 제1호, 1-156; 「보중친목회보」
    제2호, 1-114. 「보중친목회보」에 관해서는 다음 연구를 참고하라. 조윤정, "『보중친목회보(普
    中親睦會報)』에 담긴 교육입국의 꿈," 「근대서지」 제18호(2018), 101-115.

10) 이수삼, "동물 진화의 개의(槪意)," 「보중친목회보」 제1호, 69-80; 이수삼, "박테리아를 박멸
    하는 백혈구," 위의 회보, 125-127; 이수삼, "X 광선," 「보중친목회보」 제2호, 29-31; 이수삼,
    "물질적 욕망 여(輿) 이상적 욕망," 위의 회보, 77-78.

그리고 사립 소의학교(昭義學校)[11] 교사로 재직하면서[12] 휘문의숙(徽文義塾), 중앙학교(中央學校) 등에서도 학생을 가르쳤다. 「보중친목회보」에 의하면 그의 집은 한성부 서부 사온동(司醞洞) 39통 5호에 있었다.[13]

이수삼은 청년학우회와도 관련이 있다. 청년학우회는 신민회가 합법적인 청년 계몽운동을 전개하기 위해 1909년 8월에 윤치호, 장응진, 최남선, 최광옥, 차리석, 이승훈, 안태국, 채필근, 이동녕, 김도희, 박중화, 전덕기 등의 주도로 설립한 단체인데, 비정치적인 인격 수양 단체를 표방했지만, 실제로는 국권 회복을 위해서 활동한 청년 단체였다.[14] 이수삼은 청년학우회 한성연회(漢城聯會)의 심리원, 변론과 과

---

11) 소의학교는 1908년 9월에 전경현(全景鉉), 박민호(朴敏浩), 장지영(張志暎), 나원덕(羅元德) 등이 인재 양성을 통한 국권 회복을 목적으로 한성부 서소문 밖 합동(蛤洞)에 설립한 초등 교육기관이다. 개교 당시 교장은 전 외부대신 이하영(李夏榮), 부교장은 전경현, 교감은 지송욱(池松旭), 학감은 장지영 등이었다. 수업 연한은 4년이었고, 7-8세부터 20세 전후의 학생 90여 명이 재학했다. 교과목은 국어, 한문, 일어, 산술, 지리, 역사, 수신(修身, 도덕), 물리(物理), 체조, 창가 등을 가르쳤다. "소의학교 설립," 「대한매일신보」 1908년 9월 30일; "소의학교," 「대한매일신보」 1908년 11월 8일; "삼씨 열심," 「대한매일신보」 1909년 8월 25일.

12) "회우 동정," 「보중친목회보」 제2호, 110.

13) "보성중학교 제1회 졸업생 연령급 주소," 「보성친목회보」 제1호, 150.

14) 청년학우회의 설립에 가장 큰 영향을 끼친 사람은 도산 안창호이지만 그는 설립에 직접 참여하지 않았다. 1909년 8월 설립 당시에는 설립위원회 위원장에 윤치호(한영서원 원장, 대성학교 교장), 총무에 안태국(대성학교 교사), 서기에 옥관빈, 시찰원에 최광옥(전 양실중학교 교장)이 선출되었고, 같은 해 10월에는 회장에 경신중학교 교사 김도희(金道熙), 부회장에 이회영(李會榮), 총무에 상동청년학원 교사 이동녕(李東寧), 감독에 보성중학교 교장 박중화(朴重華)로 교체되었다. "청년학우회 취지서," 「대한매일신보」 1909년 8월 17일; "청년학우회 조직," 「대한매일신보」 1909년 8월 17일; "청년학우회 임원," 「대한매일신보」 1909년 10월 27일.

원 등으로 활동하다가 1910년 6월에 변론과장이 되었다.[15]

채필근(蔡弼近, 1885-1973) 목사가 쓴『한국기독교 개척자 한석진 목사와 그 시대』에서 한석진 목사의 영향 아래 활동한 초기 교인 중에 이수삼을 언급하고 있는 것으로 봐서[16] 1910년에 기독교에 입교한 그가 기독교인으로서 활동한 기간은 짧았지만, 안동교회의 집사와 예배당 건축위원으로 활동하면서[17] 교인들과 주위 사람들에게 깊은 인상을 남긴 것으로 생각된다.

「예수교회보」에 게재된 기사는 두 종류인데, 첫째는 이수삼의 삼종질(三從姪, 9촌 조카)인 이유웅이 1913년 3월 25일과 4월 1일에 게재한 "자원전(紫園傳)"이고, 둘째는 1913년 4월 8일과 4월 15일에 안동교회 이름으로 게재한 "이수삼 씨 기념서"다. 그 전문을 현대어로 고쳐 소개한다.

[자원전(紫園傳)] 1-2

공(公)의 성(姓)은 이(李)요, 이름은 수삼(秀三)이오. 자는 경지(景芝)요, 별호는 자원(紫園)이오. 전주인인데, 그 부친은 동(同) 훈련(訓鍊) 벼슬을 한 필영(弼永) 씨요, 그 모친은 경주 김씨라. 주후

---

15) 권두연, "청년학우회의 활동과 참여 인물," 138; 조윤정, "『보중친목회보(普中親睦會報)』에 담긴 교육입국의 꿈," 109.

16) 채필근, 『韓國基督敎開拓者 韓錫晋 牧師와 그 時代』(서울: 대한기독교서회, 1971), 198, 209.

17) 안동교회는 1911년 6월에 건축위원회를 조직하고 1912년 봄에 건축을 시작하여 연건평 272평(1층 103평, 2층 155평, 부속실 14평)의 2층 예배당을 준공한 후 1913년 봄에 헌당식을 거행했다. 안동교회 역사편찬위원회, 『안동교회 90년사』(서울: 대한예수교장로회 안동교회, 2001), 70-75.

1880년 9월 17일에 생(生)하였는데, 공의 외모가 단정하고 품행이 온유하여 5-6세로부터 지혜와 총명이 제류(儕流)에[18] 뛰어나고 부모께 효(孝)함과 어른에게 공경하는 도리를 능히 아는지라. 그 부모께로 말하면 늦게 나음으로 사랑하심이 특별하나 조금이라도 그 은혜를 믿고 스스로 주장하지 아니하여 비록 사소한 과실에 물품이라도 그 부모의 명령이 없으면 감히 먹지 아니하며 또한 같이 노는 아이들 사이에도 주기를 좋아하여 다투지 아니하며 나이 13세에 연안 이응익 씨의 여자로 더불어 결혼 성례하니 비록 어린 연기(年紀)라도 어른의 태도가 있어서 몸가짐을 삼가 조심하는 고로 집사람들과 심지어 노복의 무리까지라도 다 중대히 여겨 만홀(漫忽)히 하지 못하며, 집에서 부모께 가르침을 받아 공부하고 다른 선생의 훈계를 기다리지 아니하여도 문필이 능란하여 큰 선비라도 또한 더할 수 없으며, 공부하는 여가에 화계(花堦)를 숭상하여 맑고 한가한 운치가 세상 풍속에 물들지 아니하며 또한 서화(書畫)를 좋아하므로 다 극진한 지경에 이르렀으며, 20세에 보성중학교에 입학하여 교중 규칙을 추호도 어김이 없는 고로 공부가 일취월장하여 100여 명 동창 중에 항상 우등이 되는 고로 모든 선생에게 칭찬을 들었으며, 공이 일찍이 탄식하기를 나이 20에 학업이 오히려 늦었다 하여 대동법률학교 과정을 주야로 부지런히 강습하되 3-4년 동안에 자고 먹는 것을 겨를치 못하였으니, 공의 독실한 정성은 사람들이 모범적으로 감사하는

---

18) 나이나 신분이 서로 같거나 비슷한 사람.

바로다.

졸업한 후에, 인하여 보성중학교 친목회보의 주필이 되어 그 이치를 논란(論難)[19]하는 뜻이 가히 온 세상을 깨닫게 하였고, 그 후에 소의학교(昭義學校) 선생으로 고빙(雇聘)되어 가르치는 법도와 사랑하는 마음이 남에게 넘치는 칭찬을 받았으며, 그 후에 또한 청년학교의 부름을 입어 열심히 가르치는 고로 지금까지라도 그 수고한 공이 오히려 있으며 그때 친히 배우던 학생들도 지우금(至于今)[20] 잊지 않고 생각하며, 또한 겨를을 따라 휘문과 중앙 두 학교에서 가르침으로 다 칭찬을 받았으니 지금 세상의 교육상에 뜻이 있는 청년을 의논하면 반드시 공으로 으뜸을 삼아 첫손가락에 꼽는지라.

겸하여 3년 전에 하나님 아버지를 독실히 믿어 성경 뜻을 항상 감사하며 주의 은혜를 잊지 아니하여 일이나 말이나, 행함에 반드시 천부께 기도하며 구주의 공로를 생각하여 자기의 뜻대로 하지 아니하며 서울 안동교회 집사로 겸하여 교당 건축하는 위원이 되어 정성의 마음으로 하나님의 큰 일을 필역(畢役)하고 항상 이르기를 천하 일이 재물이 아니면 이루기 어렵다 하고, 도주공(陶朱公)의 사업을 본받아 식리(殖利)하여[21] 하나님의 일을 더 하겠다 하고 삼통상회(三通商會)를 사동 등지에 설립하고 각색 모자를

---

19) 어떤 대상이나 소재에 대하여 이러니저러니 서로 다르게 주장하며 다툼.
20) 지금에 이르기까지라는 뜻.
21) 재물을 불리어 이익을 늘림.

발매하더니[22] 수월 전에 거연히 병이 들어 마침내 일어나지 못하여 이 세상을 영결하고 낙원으로 돌아가므로 그 뜻을 이루지 못하였으니, 그 나이 지금 26세라. 원근(遠近)을 물론하고 사람들이 어찌 슬퍼하지 아니하리오. 그 장사(葬事)하는 날에 눈물을 흘리며 따르는 신도들이 100여 명에 지나는지라. 애달프다. 공이 죄악 세상에 잠깐 왔다가 영화롭게 돌아갔으니 어찌 슬퍼하리오마는 칠십, 독로(獨老)하신 처지와 3세 유아가 의지가 없으니 그 누가 측은히 여기지 아니하리오.

대개 공의 전형(全形)이 청수하여 아름답기가 관옥(冠玉) 같고, 재주가 표일(飄逸)하니,[23] 혹 재사(才士)라 일컬을지라. 재주가 있으면 덕이 부족하기가 쉬우나 공은 그렇지 아니하여 어릴 때부터 마음이 진중하므로 기쁨과 노함을 외모에 나타내지 아니하며, 사람을 대하여 수작할 즈음에 온유한 모양이 춘풍화기와 같은지라, 그 아름다운 웃음과 맑은 소리를 은연히 보고 듣는 듯하도다. 또한 좇아 놀던 사람들이 혹 실조(失措)하는[24] 일이 있으면 능히 용서하고 좋은 말로 순순히 이르는 고로 사람마다 감화를 받았으니, 이로 생각하면 공은 곧 군자라. 덕과 재주가 겸한 자로다. 가령 공으로 하여금 이 세상에 수(壽)를 더 길게 하였더라면 그 아

22) 이수삼이 설립한 삼통상회는 그가 별세한 후 유지성(柳志成)이 계속 운영한 것으로 보인다. 유지성은 상회 주소를 관훈동 155번지에 두고, 1915년 3월 1일에 상업등기를 신고했는데, 이수삼이 처음 삼통상회를 설립할 때처럼 각종 모자를 판매했다. "상업등기-상호 신설," 「조선총독부관보」 제778호(1915년 3월 10일), 145.

23) 뛰어나게 훌륭하다는 뜻.

24) 일의 처리를 잘못함. 실수(失手)와 같은 뜻.

름다운 이름이 어찌 이에 그치겠느뇨. 애닯고 슬프도다. 그러나 공의 난 것도 하나님의 명하심이요, 그 죽은 것도, 또한 하나님의 작정하심이니 사람이 어찌 원망하리오. [25]

[이수삼 씨 기념서] 1-2[26]

슬프다. 빛나고 빛나는 신령한 지초가 한 해에 세 번 빼어 나는 것도(煌煌靈芝一年三秀[황황영지일년삼수]) 이치요, 붉고 붉은 동산 꽃이 일찍 피었다가 먼저 이우는[27] 것도(灼灼園花早發先萎[작작원화조발선위]) 또한 이치라. 나는 것은 붙임이니(生寄也[생기야]), 잠깐이거니와 죽는 것은 돌아감이니(死歸也[사귀야]) 영원함이라. 다 천부께서 작정하심이 있어서 한번 오면 한번 가는 것은 변동이 없는 것을 알건대 어찌 조금 더하고 덜함으로 섭섭하다 하리오.

이는 다 이방 사람이 생각하는 바라. 우리 신자들은 그렇지 아니하니 그런고로 경성 대(大) 안동교인 이수삼 씨의 세상 떠난 것을 거론할진대 그 나이 26세라, 또한 부족하다 할 것이나 그 부친이 지금 연세 64세로되 그 독자를 잃고도 다만 슬퍼하지 아니할 뿐이라. 도로 영화(榮華)를 하나님께 돌리는 것을 보면, 어찌 이상하지 아니하리오. 이는 아브라함이 그 아들을 의심 없이 바치

25) 이유웅, "자원전(紫園傳) (一)," 「예수교회보」 1913년 3월 25일; 이유웅, "자원전(紫園傳) (二)," 「예수교회보」 1913년 4월 1일.

26) 1913년 4월 15일에 게재된 기사는 "리슈삼 씨 긔념셔(三)"으로 되어 있지만, 4월 8일에 게재된 기사가 "리슈삼 씨 긔념셔(一)"이므로 '三'은 '二'의 오타로 보인다.

27) 꽃이나 잎이 시들거나 빛이 바랜다는 뜻.

는 것과 같음이니 실로 감사한 일이로다. 대개 그 아들이 그 부모를 권면하여 다 신실히 믿음으로 그러함이라. 또한 그 아들이 세상 떠날 때 그 부모께 고하여 영광으로 가는 이치를 확실히 증거하였으니, 이 또한 이상한 일이라. 이는 소년 믿음이 쉽지 못할 일이니, 그 부모 된 치지에 어찌 영화롭다 일컫지 아니하리오. 대저 그 아들이 믿음이 독실하므로 비록 병중이라도 삼시(三時)²⁸⁾ 예배를 반드시 행하였으며, 또한 교당 건축하는 일에 대하여 마음과 힘을 다하므로 목사와 제직의 칭예(稱譽)를 우수(優秀)하게 받았으며, 아무리 병이 침중할 때라도 기도를 그치지 아니하며 운명할 즈음에 그 부모를 불러서 이르기를, 저는 지금 천부께로 영화롭게 가노라고 하였으니, 이는 그 부모가 슬픔을 억제하고 영광으로 아는 바라. 어찌 더욱 이상하지 아니하리오. 그 위인을 의논할진대 사언행(事言行)에 아름다움은 일반 교우에 알 뿐 아니요, 각 사회 상까지라도 흠탄(欽歎)²⁹⁾하는 자라. 그 서화의 절등(絶等)³⁰⁾함과 문학의 능란함은 이루 기록할 수 없거니와 어릴 때부터 항상 기뻐하여 노함이 그 얼굴에 나타나지 아니하며 비록 사소한 실과라고 부모의 명을 기다려 먹으며,

수삼 씨 장성한 후에는 효도와 화목함이 특별하여 우부(愚夫), 우부(愚婦)라도 다 칭찬하였으며 어렸을 때는 그 가정에서 공부하

---

28) 아침, 점심, 저녁, 하루 세 번을 뜻함.
29) 몹시 칭찬한다는 의미.
30) 매우 두드러지게 뛰어나다.

였고, 20세에 여러 학교에 우등생으로 졸업하였으며, 본래 세상 영광에는 뜻이 없는 고로 혹 벼슬을 권하면 실심(實心)으로 사양하고 다만 믿음의 가르침으로 평생에 준덕(峻德)을[31] 이루었으니 이는 티끌 인연은 적고 하늘 복이 많음이 아니냐. 진실로 이 세상에 모범이 될 만도다. 우리가 서로 사랑하는 처지에 있어서 어찌 잠잠하고 광포(廣布)[32]하지 아니하리오. 그 대강을 기록하여 기념적으로 앙고하옵나이다. 대저 이 형의 이름과 별호를 범연히 지음이 아니요, 천부의 뜻을 따라 미리 일컬음이니 어찌 더욱 감사하지 아니하리오. 또한 그 기념시(記念詩) 일편으로 그치나이다.

곧은 나무를 먼저 치는 것은 어떤 뜻이며
꽃이 피고 결실치 못함은 또한 무슨 이치인가?
물거품과 바람 등잔이 어찌하여 슬프지 아니하리오,
들보 달이 희미한데, 곳곳마다 저 사람의 생각이로다.[33]

---

31) 넓고 큰 덕을 뜻함.
32) 세상에 널리 알리다.
33) "리슈삼 씨 긔념서(一)," 「예수교회보」 1913년 4월 8일; "리슈삼 씨 긔념서(三)," 「예수교회보」 1913년 4월 15일.

14

장로교 진흥운동과 진흥 전도지

3·1 운동 이후 한국 교회 안에서 일어난 여러 부흥 운동 중에, 1919년에 시작한 진흥운동(振興運動, The Forward Movement) 은 교회의 갱신과 성장에 나름대로 중요한 역할을 했다. 진흥운동은 미국 북장로회의 '새 시대 운동(New Era Movement)'과 미국 북감리회 의 '100주년 운동(Centenary Movement)'과 유사한 운동이었는데,[1] 이 운동은 주일학교 운동, 부흥운동, 농촌계몽운동 등과 연계되어 진행 되었으며, 장로교와 감리교가 연합하는 부흥운동의 성격을 띠었다.[2] 감리교는 1917년 6월에 열린 기독교미감리회 제10회 조선연회에서 미

---

1) W. N. Blair, "Presbyterian Forward Movement in Korea," *KMF*(Jan. 1920), 15.
2) 대한예수교장로회총회역사위원회 편, 『대한예수교장로교회사(상)』(서울: 한국장로교출판사, 2003), 304; 박용규, 『한국기독교회사 2』(서울: 생명의말씀사, 2004), 265.

감리회외방선교백년기념회(美監理會外邦宣敎百年紀念會)를 조직한 후, 25명의 위원을 임명하고 여섯 가지 목표를 포함한 취지서를 채택하면서 진흥운동을 시작했지만,[3] 교인들의 헌금액 증가 목표만 달성했고,[4] 본격적인 진흥운동은 1920년부터 시작했다.[5]

조선예수교장로회는 1919년 10월에 열린 제8회 총회에서 "각 교회를 전진케 하기 위해" 노회별 3명씩 전체 36명의 진흥위원을 총회장이 선정하기로 가결했다.[6] 이에 따라 선정된 진흥위원은 다음과 같다.

1919년 진흥위원[7]

노회	진흥위원
평남	방위량(윌리엄 블레어), 김영준, 주공삼
평북	윤산온(매큔), 김기범, 김석창

---

3) 『기독교미감리회 조선연회 회록(제10회)』(1917), 11, 26-29.

4) 여섯 가지 목표는 효율적인 리더십 훈련, 주일학교의 발전, 가정 신앙의 개선, 비기독교인의 복음화, 기독교 정신의 사회 전파, 교인들의 자립정신 증가 등이었으며, 교인들의 헌금액은 1917년 6만 489엔, 1918년 7만 5034엔(목표액 7만 엔), 1919년 102, 629엔(목표액 8만 1000엔)으로 늘어났다. John Z. Moore, "The Methodist Million Movement," *KMF*(Feb. 1920), 41.

5) 위의 글, 41; Charles D. Stokes/장지철, 김홍수 역, 『미국 감리교회의 한국선교 역사, 1885-1930』(서울: 한국기독교역사연구소, 2010), 281-282. 기독교미감리회 제13회 조선연회에서는 교회 진흥 방침을 결정하면서 교인 증가, 주일 예배, 전도 등 1921년에 실행할 8개 항목의 교회 진흥 방침을 채택했다. 『기독교미감리회 조선연회 회록(제13회)』(1920), 17-18.

6) 『조선예수교장로회총회 제8회 회록』(1919), 9.

7) 위의 회의록, 10.

황해	장홍범, 최인환, 김승룡
전남	노라복(녹스), 정태인, 이경필
전북	부위렴(윌리엄 불), 양석주, 이자익
경남	매견시(매켄지), 정덕생, 황준국
경북	빙혜법(힐버드 블레어), 김영옥, 이문주
함남	마구례(맥레), 김광표, 박창영
함북	채필근, 이하영, 박걸
경충	곽안련(클락), 신홍균, 최영택
의산	안승원, 위대모(휘트모어), 김석항
산서	김대건, 최성주, 이기형

이렇게 조직된 진흥부의 위원장에는 블레어 선교사가 임명되었으며, 위원장의 다음과 같은 보고에 대해 총회는 그대로 채용했다.[8]

1. 교회를 진흥하는 운동은 금년에 시작하여 3년간 계속 경영
   하기로 함.
2. 본 위원장은 방위량 씨로, 서기 겸 회계는 주공삼 씨로 선정
   하여 주실 것
3. 각 교회로 보낼 광고 편지를 제정하되 진흥 비교표 양식을
   기입하여 출간한 후에 각 노회 구역 안 본 위원 중 통신원에

---

8) 위의 회의록, 19.

게 경유하여 각 교회로 발송하고 5월 말일 보고 시에 비교
표를 완성하여 노회에 보고하게 함.

4. 본(本) 부에서는 노회에서 각 회로 보고할 식양지(式樣紙)를
인쇄하여 각 노회로 발송하여 각 교회 비교표를 정제히 병
렬하여 본 위원장에게 발송하게 함.

5. 총회에서는 각 노회에서 보고한 진흥 비교표를 총회록에 부
록하여 각 교회 이름과 진흥된 형편을 알도록 할 일.

6. 각 노회에 진흥위원부를 세워 시무하게 하되 본 위원 중 해
노회원 된 3인은 당연히 그중에 참여하도록 선정할 일.

7. 명년(明年) 5월 말까지 곧 제1년에는 특별히 기도를 힘쓰
되, 개인이나 가족으로나 교회로나 각 방면으로 면력(勉力)
하고, 제2년에는 특별히 부흥회를 위하여 경영한즉 각 노
회에서 명년 총회 전에 부흥할 방침과 경로를 가급적 준
비할 일.

8. 식양지 인쇄와 통신비, 잡비를 위하여 금년에는 우선 본 부
에 경비 100원을 허락할 일.[9]

이렇게 시작한 장로교의 진흥운동은 1921년 10월에 열린 제10회
총회에서 주일학교부(主日學校部)와 연합해 주일학교진흥부로 개편한

---

9) "부록, 제7호 진흥위원 보고," 위의 회의록, 47-48. 필자가 현대어로 수정하고 일부 한자를
첨부했다.

후 주일학교 진흥 운동에 주력했다.[10] 이런 와중에 같은 해 11월 1일에는 제1회 조선주일학교대회가 열렸고,[11] 1922년 11월 1일에는 장로교와 감리교 대표 26명이 대영성서공회 사무실에서 조선주일학교연합회를 조직하고 회장에 오천경(吳天卿), 부회장에 홍병선(洪秉璇), 총무에 홀드크로프트(James G. Holdcroft), 서기에 변성옥(邊成玉), 회계에 레이시(John V. Lacy)를 선출했다.[12]

장로교 진흥부 위원장인 블레어는 진흥운동을 전개하면서 진흥 전도지를 만들어서 전국 교회에 배포했는데, 이 진흥 전도지가 현재 미국 장로교역사관(Presbyterian Historical Society)에 보관되어 있어서 소개한다.[13] 진흥 전도지의 서지 사항을 보면, 제1호부터 제10호까지 발행되었고, 저작자는 평양 미국인 방위량(블레어), 발행자는 경성 종로 영국인 반우거(班禹巨, Gerald W. Bonwick), 인쇄인은 박인환(朴仁煥)이며, 인쇄소는 경성부 황금정 2정목에 있는 박문관(博文館), 발행소는 경성

---

10) 『조선예수교장로회총회 제10회 회록』(1921), 82.

11) "조선주일학교대회," 「기독신보」 1921년 11월 2일; "성황 중에 폐회된 전선주일학교대회," 「기독신보」 1921년 11월 9일.

12) "조선주일학교협회," 「기독신보」 1922년 11월 15일; 『조선예수교장로회총회 제12회 회록』(1923), John Veere Lacy, "The Korea Sunday School Association," KMF(Dec. 1922), 276-277. 조선주일학교연합회의 규칙은 『조선예수교장로회총회 제11회 회록』(1922), 81-84에 "부록, 제5호"로 수록되어 있다.

13) Presbyterian Church Documents: Pres. Ch. in the U.S.A. Board of Foreign Missions. Korea-Conspiracy Case Letter from G. W. Gilmore 4/5/20 to Letter, Syen Chyun Station 1911-1912(Reel No. 72-1)-MF(사료철: AUS199_00_00C0001/사료건: AUS199_00_00C0001_002).

종로의 조선예수교서회로 되어 있다.[14] 대정(大正) 9(1920)년 6월 3일에 인쇄해 6월 7일에 발행했다. 블레어가 1921년 조선예수교장로회 제10회 총회에 보고한 내용에 의하면 그때까지 120만 장의 진흥 전도지를 전국 교회에 배포한 것을 알 수 있다.[15] 제1-10호 진흥 전도지의 제목을 보면 다음과 같다.

1920년 진흥 전도지

번 호	제 목
1	탕자회개(蕩子悔改)
2	순천자생(順天者生)
3	무거운 짐(重負)
4	배은망덕의 결과
5	인류의 구별
6	이때는 깰 때
7	예수 믿으면 천당 갈 수 있음
8	죄로 인하여 죽을 병을 고치는 약
9	죄의 결박을 끊는 방책
10	하나님의 저울

---

14) 조선예수교서회는 진흥 전도지를 무료로 제작하여 진흥부에 제공한 것으로 보이는데, 이에 대하여 블레어 위원장은 총회가 조선예수교서회에 감사장을 보내줄 것을 청원했다. 『조선예수교장로회총회 제9회 회록』(1920), 70.

15) 『조선예수교장로회총회 제10회 회록』(1921), 78.

진흥 전도지 제2호 "순천자생(順天者生)"의 전문을 소개하면 다음과 같다.

새는 공중에 있어야 살고 고기는 물속에 있어야 사는 것이라. 만일 이와 반대로 새가 공기를 떠나 물속에 들어가면 생명을 보존하지 못하고, 고기가 물을 떠나 공기 중에 들어가면 또한 그러할지라. 이와 같이 사람은 하나님의 도리 중에 거하면 영생을 보전하고 죄악 중에 거하면 사망을 면치 못하나니 이는 천리 원칙이라. 탄식할 만하도다. 이 세상 모든 사람 가운데 하나님의 법대로 행한 자가 하나도 없으니 결단코 영생하지 못하리라. 그러나 자비하신 하나님께서 자기의 사랑하시는 독생자를 세상에 보내사 죄인을 위하여 십자가에서 보혈을 흘리게 하신 후에 누구든지 그를 믿으면 영생을 얻으리라 하셨은즉 누구든지 금생과 내생의 복을 얻고자 하시면 속히 구주 예수를 믿으시기를 바라나이다.

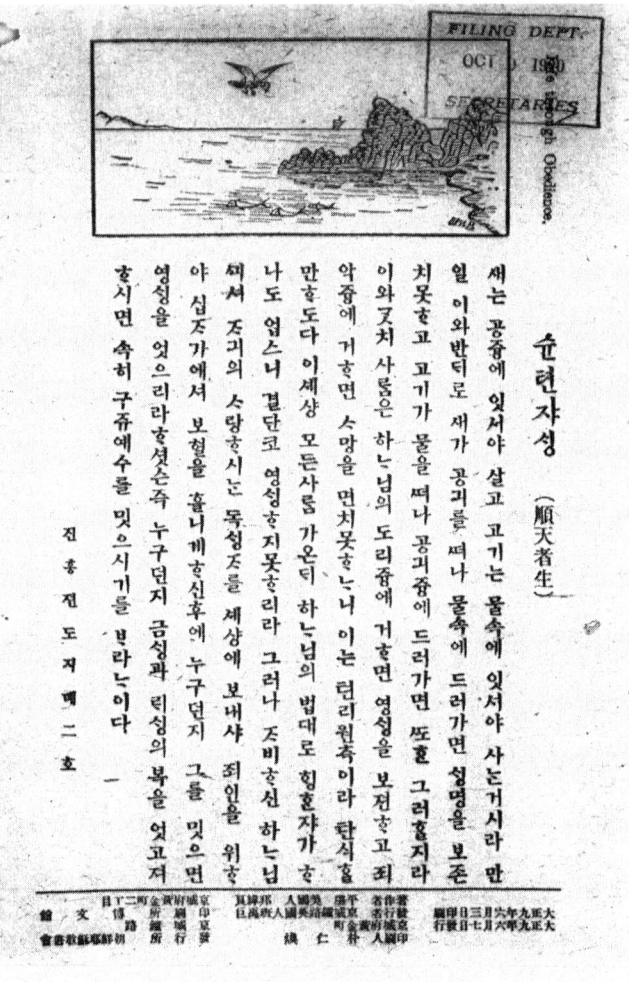

진흥 전도지 제2호
© 국사편찬위원회 전자사료관

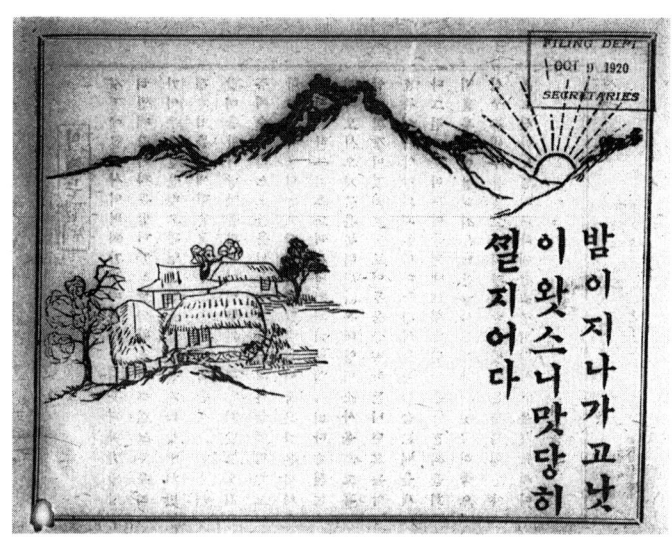

진흥 전도지 제6호
© 국사편찬위원회 전자사료관

진흥 전도지 제6호 "이때는 깰 때"의 전문은 다음과 같다.

성경에 가라사대 너희가 이때를 아나니 곧 자다가 마땅히 깰 때라. 이제는 밤이 가고 낮이 왔으니 그런고로 우리가 어두운 일을 벗고 광명한 갑옷을 입을지라. 마땅히 단정하기를 낮에 행함같이 하고 술 취함과 음식을 탐하지 말며, 음란과 방탕을 피하며 쟁투와 시기하지 말고 오직 주 예수 그리스도를 옷 입듯 하고 육신의 일을 예비하느라 정욕을 행하고 죄를 범하지 말며 깨어 죽은 가운데서 일어나라. 그리스도께서 너희에게 비치시리라 하셨는지라. 보시오, 지금은 동천의 붉은 태양이 솟아오르고 흑암의 휘장이 걷히는 대로 어두움을 따라다니던 모든 악한 짐승과 악마의 괴물이 다 구덩이를 찾아 숨는 때올시다. 그런고로 이전 어둡던 때에 행하던 모든 악한 죄를 회개한 후에 만민의 죄를 대신하사 십자가에 못 박혀 죽으신 구주 예수를 믿고 그의 광명하신 빛 가운데서 행하여 밝으신 하나님의 나라에 참 백성이 되시기를 힘씁시다.

진흥부는 진흥 비교표에 근거해 우수한 결과를 보인 교회를 발표하기도 했다. 1920년에는 1등 38개 교회와 2등 71개 교회, 1921년에는 1등 21개 교회와 2등 40개 교회의 이름과 소속 도(道), 군(郡), 담임 선교사와 한국인 목사의 이름까지 총회에서 발표했다.[16]

---

16) 『조선예수교장로회총회 제9회 회록』(1920), 70-74; 『조선예수교장로회총회 제10회 회록』(1921), 78-80.

그러면 1919년 10월부터 1922년 10월까지 진행된 장로교의 진흥운동은 교회의 양적 성장에 어느 정도 효과가 있었을까? 진흥부 위원장인 블레어는 3년간 진행한 진흥운동의 결과를 *The Korea Mission Field*(*KMF*) 1922년 12월호에 기고하면서, 3년 동안의 통계를 다음과 같이 제시했다.

장로 교회 진흥운동에 대한 통계[17]

순서	항목	1920년	1921년	1922년
1	한국인 목사	180	208	240
2	남자 조사(전도사)	353	362	464
3	전체 교회	1921	2090	2307
4	연간 세례 교인	5603	8461	1만 535
5	전체 세례 교인	6만 2748	6만 5984	7만 188
6	연간 학습 교인	8002	1만 2349	1만 5640
7	전체 출석 교인	15만 3915	17만 9158	18만 7271
8	주일학교 어린이	4만 929	5만 6790	6만 7955
9	주일학교 교사	9783	1만 453	1만 4522
10	교회 초등학교 어린이	1만 7208	2만 9115	3만 9365
11	중학교 학생	982	2752	5805
12	대학교 학생	56	135	295
13	헌금 총액(엔)	59만 5996	71만 710	106만 5238

17) William N. Blair, "Some Results of the Forward Movement Campaign of the Korean Presbyterian Church," *KMF*(Dec. 1922), 266. 블레어가 제시한 통계는 『조선예수교장로회총회 제11회 회록』(1922)에 수록된 「조선예수교장로회총회 제11회 총계표」의 통계와 거의 일치한다.

이 통계에 따르면 3년 동안 모든 항목에서 증가한 것을 알 수 있는데, 학습교인, 세례교인, 출석교인 등이 상당히 증가했고, 특히 주일학교 어린이와 교사의 수가 괄목할 만하게 늘어난 것도 알 수 있다. 전체적으로 보면 3년 동안의 진흥운동이 교회의 양적 성장에 긍정적으로 작용했다고 평가할 수 있다.

15

✦ ✦

교회당에서 열린 결혼식에서
"교회법 위반이오!"를 외친 사건

1924년 10월 31일에 평안남도 진남포에 있는 비석리 감리교회에서 열린 결혼식에서는 충격적인 일이 일어났다. 하객으로 참석한 사람 중 한 명이, 신랑이 전 부인을 이유 없이 버렸으므로 이렇게 문제가 있는 결혼식을 교회당에서 목사가 주례하는 것은, 감리교회의 헌법을 위반하는 것이라는 이의를 제기했다. 결혼식장에서 신랑, 신부의 과거사를 거론하고 문제 삼는 사례는 종종 있는 일이지만, 문제성이 있는 결혼을 감리교회 목사가 주례하는 일은 헌법을 위반하는 것이라는 이의 제기는 처음 있는 일이었을 것이다. 1924년 11월 2일 자 「동아일보」는 이 사건에 대해 다음과 같이 보도했다.

진남포(鎭南浦) 비석리(碑石里) 감리교회(監理敎會) 엡웟 청년회장(靑年會長) 홍기주(洪箕疇) 군(君)과 동(同) 사립(私立) 삼숭유치원(三崇

幼稚園(幼稚園) 교사(敎師) 한명심(韓明心) 양(孃)의 결혼식(結婚式)은 박선제(朴璇齊) 목사(牧師)의 주례(主禮)로 지난 삼십일 일(三十一日) 하오(下午) 이 시(二時) 비석리(碑石里) 동교회당(同敎會堂)에서 성대(盛大)히 거행(擧行)하였는데 식(式)의 순서(順序)를 따라 예식(禮式)을 진행(進行) 중(中) 주례(主禮) 목사(牧師)로부터 일반(一般) 회중(會衆)에게 전기(前記) 양인(兩人)이 지금 결혼식(結婚式)을 거행(擧行)함에 대(對)하여 누구든지 다른 의견(意見)이 있거든 현장(現場)에서 말할 것이요, 결코 후일(後日)에 말하지 말라 하매, 수백 명(數百名) 회중(會衆) 중(中)에서 한병희(韓炳熙)라 하는 동교(同敎) 청년회원(靑年會員)이 돌연(突然) 기립(起立)하여 말하되 전기(前記) 양인(兩人)의 결혼(結婚) 그것에는 결코 아무 이의(異意)를 가지지 아니하였으나 본교회당(本敎會堂) 내(內)에서 식(式)을 거행(擧行)함에 대(對)하여는 신랑(新郞) 되는 홍기주(洪箕疇) 군(君)이 무죄(無罪)한 전처(前妻)를 까닭 없이 소박(疎薄)하여 그 전처(前妻)가 상금(尙今) 수절생존(守節生存)하고 있으니, 본교회(本敎會)의 정신(精神)과 진리(眞理)는 물론(勿論) 교회(敎會) 헌법(憲法)에 비추어 도저(到底)히 식(式)의 거행(擧行)을 용인(容認)하기 난(難)하다 하매, 박(朴) 주례(主禮) 목사(牧師)가 황급(遑急)히 단(壇)에 올라 이 자리는 예식장(禮式場)이요 결코 헌법(憲法)을 토론(討論)하는 좌석(座席)이 아닌즉 헌법(憲法)에 대(對)한 문제(問題)는 추후(追後) 사석(私席)에서 토론(討論)하기로 하고 진술(陳述)은 정지(停止)하라 하였으되 한(韓) 씨는 더욱 분개(憤慨)하여 현장(現場)에서 헌법(憲法) 조항(條項)을 일일(一一)이 낭독(朗讀)하고 그 식(式)이 비법행위(非法行爲)라고 열렬(烈烈)히 규탄(糾彈)하매, 장내

(場內)는 한(限)없이 긴장(緊張)되고 회중(會衆)은 악연실색(愕然失色)하여 일시(一時)는 장내(場內)에 살기(殺氣)가 등등(騰騰)하였으나 목사(牧師) 이겸로(李謙魯) 씨(氏)의 간선(幹旋)으로 식(式)을 잠시(暫時) 정지(停止)하고 긴급(緊急) 비밀회의(秘密會議)를 개최(開催)하여 제직원(諸職員)이 구수토의(鳩首討議)한 결과(結果) 본(本) 예식(禮式)이 헌법상(憲法上)으로 보아서는 거행(擧行)할 성질(性質)의 것이 아니나, 기위(旣爲) 시작(始作)한 것인즉 식(式)만은 계속(繼續) 거행(擧行)키로 하고 금후(今後) 사실(事實)을 명확(明確)히 조사(調査)하여 만약(萬若) 사실(事實)이 이의자(異議者)의 진술(陳述)과 부합(符合)될 시(時)는 거기에 대(對)한 일체(一切) 책임(責任)은 박(朴) 주례(主禮) 목사(牧師)가 차(此)를 감수(甘受)하겠다고 성명(聲明)한 후(後) 계속(繼續)하여 무사(無事)히 식(式)을 거행(擧行)하였다는데, 이상(以上)과 같은 사실(事實)은 조선(朝鮮)에 기독교(基督敎)가 선포(宣布)된 지 사십 년 내(四十年來)에 금시(今時) 초유(初有)의 문제(問題)라고.[1]

당시 이 일이 충격적인 사건이었던 것은 말할 나위가 없다. 신문 기사에도 "선교 사십 년 내에 처음 있는 일"이라고 썼을 정도였다. 결혼식 현장에서 이런 사건이 일어나기 전까지 홍기주와 한명심의 결혼은 다른 결혼식과 같이 축하 속에서 진행되었을 것이다. 1924년 10월 30일 자 「시대일보」에는 두 사람의 결혼식 광고가 실려 있다.

---

1) "監理敎의 憲法 問題," 「동아일보」 1924년 11월 2일. 원래 본문은 국한문으로 되어 있는데, 필자가 한문을 괄호에 넣고 현대어로 고쳤다.

홍기주와 한명심의 결혼식 광고.
ⓒ「시대일보」 1924년 10월 30일

두 사람의 결혼식에 한병희(韓炳熙, 昞熙)가 이의를 제기한 것은 "본 교회당 안에서 결혼식을 거행하는 것에 대해, 신랑 홍기주 군이 무죄한 전처를 이유 없이 소박해 그 전처가 현재 수절 생존하고 있으니, 본교회의 정신과 진리는 물론 교회 헌법에 비추어 도저히 결혼식의 거행을 용인하기 어렵다."라는 것이었다.

그러면 이들이 기준으로 삼았을 1921년 판 『미감리교회 교의와 됴례』에서는 이런 경우에 대해 어떻게 규정하고 있었을까? 특별권고 중 이혼 조항에서는 다음과 같이 규정하고 있었다.

제68단. 교회에서는 간음한 죄 이외에는, 어떠한 경우에든지 이혼함을 적법(適法)한 것으로 인정하지 아니할지며 또 목사는 그 결혼하고자 하는 자의 이혼한 여자나 남자가 생존(生存)한 경우에는 결코 결혼식을 거행하여 주지 말지니, 이 규정은 간음한 연고로 이혼이 된 경우의 무죄한 편이나 혹은 이혼하였던 남녀 쌍방이 화해하여 다시 결혼하고자 하는 자에게는 적용치 말지니라.[2]

이 조항에 근거해, 만약 홍기주의 전 부인이 한병희의 주장대로 무죄하게 이혼당한 것이라면 박선제 목사는 결혼시 주례를 할 수 없었다. 따라서 교회 제직원이 회의한 결과 "본 예식이 헌법상으로 보아서는 거행할 성질의 것이 아니나, 이미 시작한 것인즉 식만은 계속 거행키로" 결정한 것이다. 결국 박선제 목사는 나중에 사실 관계를 조사해 홍기주의 전 부인이 무죄하게 이혼당한 게 사실이면 모든 책임을 지겠다고 공언했다.

이 사건 이후에 신랑, 신부와 주례 목사, 이의를 제기한 사람의 행적은 어떻게 되었을까?

신랑 홍기주와 신부 한명심의 결혼 생활에 대해서 알 수 있는 자료는 없다. 다만 홍기주(1896-1960)는 이후에도 진남포 비석리교회를 중심으로 활발하게 활동한 것을 알 수 있다. 그는 1933년에 평양으로 이주하기 전까지 엡웟청년회 회장, 진남포 상우회 회장, 신간회 진남포지회 부회장, 집행위원장, 평안북도 평의원(評議員) 등을 역임했다.[3]

---

2) 필자가 옛한글을 현대어로 고쳤다. "제2장 특별권고, 제4관 이혼," 『미감리교회 교의와 됴례』(경성: 조선예수교서회, 1921), 45-46. 1926년에 나온 『미감리교 법전』에서도 이혼 조항의 내용은 거의 동일하다. "제2장 특별 권면, 제4절 이혼," 『미감리교 법전(美監理敎會 法典)』(경성: 기이부(奇怡富) 발행, 기독교창문사 인쇄, 1926), 59.

3) "진남포 번영 운동," 「동아일보」 1927년 5월 3일; "남포 엡웟 청년 정기총회 개최," 「조선일보」 1929년 2월 22일; "신간회집회," 「동아일보」 1929년 8월 14일; "당선 사례," 「동아일보」 1930년 3월 30일; "진남포 신간회 대회 개최," 「조선일보」 1930년 3월 31일.

결혼식 이후 박선제(1884-1950(?)) 목사의 행적은, 결혼 주례의 모든 책임을 감수하겠다고 공언한 것과 관련이 있어 보인다. 그는 평안남도 강서군 서부면 출신으로 1912년에 서울 협성신학교를 졸업한 후 평남 강서군 증산교회 전도사로 시무했다. 1914년 7월에는 미국으로 건너가 1919년까지 체류하며 박선(朴宣)이라는 이름으로 흥사단, 대한인국민회에서 활동했으며,[4] 귀국한 후에는 목회에 복귀했다. 결혼식 사건 이후 박선제 목사는 비석리교회 담임목사직을 휴직했다. 1925년 6월 17일부터 23일까지 열린 제18회 예수교감리회 조선연회(朝鮮年會)의 회원 명부 기록에 따르면 박선제 목사는 1920년에 견습 회원이 되었고, 1923년에 집사 목사로 안수받은 후 연회 회원이 되었다. 1920년부터 1922년까지 강서군 강서읍 덕흥리(서하리)에 있는 강서읍교회(江西邑敎會)를 담임했으며, 1923년부터 1925년까지는 비석리교회를 담임한 후 1925년에는 휴직한 것으로 되어 있는데,[5] "규칙 문답" 내용에 따르면 1년간 휴직을 허락받았다.[6] 대신 한예건(韓禮健) 목사가 비석리교회의 담임목사로 파송되었다.[7]

그런데 박선제 목사는 1926년에도 휴직 상태였고, 그 후 1929년까

---

4) "학생 체수," 「신한민보」 1914년 8월 6일; "선교ᄉ의 뎐도와 청년회 연셜," 「신한민보」 1914년 9월 3일; "회보-라셩 디방회," 「신한민보」 1918년 1월 3일; "회보-로신질쓰 디방회," 「신한민보」 1919년 4월 15일; "로신질쓰 디방의 경츅," 「신한민보」 1919년 4월 19일.

5) "회원 명부," 『예수교 미감리회 조선연회록(제18회)』(1925), 8.

6) "규칙 문답," 『예수교 미감리회 조선연회록(제18회)』(1925), 20.

7) "派送記," 『예수교 미감리회 조선연회록(제18회)』(1925), 25.

188   사소한 역사

지 계속해 휴직했다.[8] 결국 1931년『기독교조선감리회 동부·중부·서부 제1회 연합연회 회록』 "회원 명부"에서 그의 이름이 없어졌는데,[9] 목사에서 면직된 것으로 짐작된다.

박선제 목사 부부(연대 미상)[10]
ⓒ 독립기념관 한국독립운동정보시스템

---

8) 『예수교미감리 조선연회록(제19회)』(1926), 8, 23;『조선기독교 미감리교회 연회록(제20회)』(1927), 9, 22-23;『조선기독교 미감리교회 연회록(제21회)』(1928), 9, 25;『조선기독교 미감리교회 연회 회록(제22회)』(1929), 31, 114.

9) 『기독교조선감리회 동부·중부·서부 제1회 연합연회 회록』(1931), 8-31.

10) 박선제(박선)의 흥사단 이력서(입단일 단기 4247(1914)년 12월)에는 부인의 이름을 신행(信行), 나이는 34세로 기록했다. "제53 단우 박선 이력서," 독립기념관 한국독립운동정보시스템 소장.

박선제 목사는 휴직 시기에 상업활동을 시작한 것으로 파악된다. 그는 1927년 2월에 진남포과물흥업주식회사 기성위원(期成委員)에 선임되었고,[11] 1928년 1월에 과물흥업주식회사가 설립되면서 전무 이사로 취임해 1939년 5월에 동화흥업주식회사로 바뀔 때까지 재직했다.[12] 또한 1920년대 말부터 1930년대에 걸쳐 엡윗청년회 부회장, 신간회 전국대회 대의원, 감사위원, 협동저축회 이사, 진남포 상공회의소 평의원 등으로 활동했다.[13] 박선제는 목사에서 면직된 지 10년이 지난 1941년에 기독교조선감리회 서부연회 진남포지방의 평신도 대표에 이름을 올리기도 했다. 1941년 『기독교조선감리회 제8회 동부·중부·서부연회 회록』(1941)의 "서부연회 회원 명록" 중 '각 지방 평신도 대표자-진남포 지방' 명단에 박선제의 이름이 있다. 당시 나이는 57세, 직업은 상업, 주소는 진남포부(鎭南浦府) 용정리(龍井里)로 되어 있다.[14]

---

11) "과물회사 발기," 『동아일보』 1927년 2월 2일.

12) "과물회사 조직," 『동아일보』 1928년 2월 4일; "과물흥업회사 확장, 동화회사로 변경," 『조선일보』 1939년 5월 13일. 박선제는 동화흥업주식회사로 회사명이 바뀐 후 1939년 9월 29일에 이사직을 사임했다. "상업급법인등기," 『조선총독부관보』 제3855호(1939년 11월 25일), 280.

13) "남포 엡윗 정총," 『조선일보』 1927년 2월 1일; "남포 신간대회 성황리 종막," 『동아일보』 1929년 1월 28일; "협동저축회 진남포서 조직," 『조선일보』 1930년 8월 1일; "진남포 상공회 평의원 선거," 『동아일보』 1932년 4월 10일.

14) 『기독교조선감리회 제8회 동부·중부·서부연회 회록』(1941), 14. 박선제 목사는 해방 후 건국준비위원회 진남포위원회 위원장으로 활동하다 월남했다. 태평양무역 사장(1946-1947), 국제손해보험 사장(1948-1950), 이북대표단 평안남도 대표(1948), 대한손해보험협회 회장(1949) 등을 역임했으며, 한국전쟁 중 납북되었다. "이북대표단 평남도대표 선출," 『동아일보』 1948년 4월 24일; "인사," 『경향신문』 1949년 2월 9일.

이의 제기를 통해 "선교 사십 년 내에 처음 있는 일"을 만든 한병희 (1903-1932)의 삶은 비장한 면이 있다. 그는 1925년 3월경 흑기연맹(黑旗 聯盟) 설립에 참여했다. 이 단체는 무정부주의 운동단체로 서천순, 서 상경, 곽윤모, 홍진유, 신영우, 이창식, 이복원, 한병희 등이 중심이 되 어 준비 모임을 구성해 1925년 5월 3일경 창립대회를 열기로 했다.[15] 그러나 같은 해 4월 25일부터 흑기연맹 회원 전원이 체포되었고,[16] 한 병희는 다른 회원들과 함께 1925년 11월 17일 경성지방법원에서 징역 1년을 선고받았다.[17] 그는 1926년 11월 17일에 수감 생활을 마치고 출 옥했지만,[18] 후유증으로 신경쇠약에 걸려 고생하다가 1932년 10월 9 일에 유서를 남기고 수면제 과다복용으로 사망했다.[19]

---

15) "흑기연맹," 「동아일보」 1925년 4월 26일.

16) "무정부주의자 서모 외 이명 검속," 「조선일보」 1925년 4월 26일; "무정부주의자 계속 검 거," 「조선일보」 1925년 4월 28일; "한 씨 경성에 압송," 「조선일보」 1925년 4월 29일.

17) "구형대로 일년 언도," 「동아일보」 1925년 11월 18일.

18) "흑기연맹 사건 칠명 만기 출옥," 「동아일보」 1926년 11월 19일.

19) "흑기연맹 조직자 한병회 씨 자살," 「동아일보」 1932년 10월 10일. 대한민국 정부는 한병희 의 공훈을 기려 2012년에 건국훈장 애족장을 추서하였다. 국가보훈처, 「독립유공자 공훈 록 제21권」(세종: 국가보훈처, 2014), 761.

16

앨리스 버츠의 사진첩에 남은
전흥순의 사진들

미국 프린스턴신학교(Princeton Theological Seminary)의 마펫 컬렉션(Moffett Korea Collection)에서[1] 앨리스 버츠(Alice M. Butts, 부애을 富愛乙, 1880-1968)의 사진첩을 보다가 발견한 이름이 전흥순(全興純, 1902(3)-1931)이다. 버츠 선교사는 1907년 8월에 미국 북장로회 선교사로 내한해 평양에서 1941년 9월까지 사역한 여성 선교사다. 전흥순의 사진이 여러 장 남아 있는데, 정작 그의 이름은 들어 본 기억이 없어서 호기심이 생겼다. 그는 한국 교회사에 발자취를 남길 사이도 없이 이른 나이에 세상을 떠났다. 세브란스 의학전문학교를 졸업하고 장래가 촉망되는 예비 의사였는데, 돌연 세상을 떠

---

1) Princeton Theological Seminary/Library/Digital Collections/Theological Commons/ Featured Collections/Moffett Korea Collection(https://commons.ptsem.edu/moffett).

났다. 전홍순의 부모, 가족과 친한 버츠 선교사가 그의 사진을 고이
간직해 준 덕분에 한 청년의 짧은 삶을 살펴보게 되었다.

신성중학교 졸업사진
© Princeton Theological Seminary, Moffett Korea Collection

전홍순은 평안북도 선천 출신으로 1921년에 선천 신성중학교를 졸업
했다. 그리고 숭실전문학교에 입학해 공부한 후 1925년 3월 11일에 숭
실전문학교 대학부를 16회로 졸업했다. 졸업식은 오전 10시 20분에 서
문밖교회에서 거행되었는데, 당시 문과 졸업생은 오문환, 이인선, 한수
철, 신상빈, 이성락, 최이약, 이병찬, 김대영 등 8명, 이과 졸업생은 이귀
화, 이창원, 전홍순, 김승찬, 박성덕, 김영윤, 이봉선, 송기억, 한경직, 김

희태, 이규숙 등 11명으로 전체 19명이 졸업했다.[2] 그중 오문환(吳文煥, 1903-1962)과 한경직(韓景職, 1902-2000)이 전홍순의 동기인 것이 눈에 띤다.

숭실전문학교 졸업 기념사진(1925년 3월)[3]
© Princeton Theological Seminary, Moffett Korea Collection

---

2) 숭실대학교 한국기독교박물관 편, 『평양숭실대학 역사자료집 VI: 숭실교우회 회원 명부』, 139; "숭대(崇大) 졸업식," 「동아일보」 1925년 3월 13일.
3) 앞줄 왼쪽부터 전홍순의 아버지, 어머니, 이모(또는 고모), 뒷줄 왼쪽부터 앨리스 버츠, 마거리트 베스트, 전홍순.

1903년에 평양에서 태어난 오문환은 숭실중학교와 숭실전문학교를 졸업하고 숭의여학교 교사로 근무하다가 1927년 5월에 토마스 목사 순교 기념회를 조직해 총무가 되었으며, 1928년에는 『도마스 목사전(牧師傳)』을 저술하고, 토마스 목사 순교 기념 교회당을 건립하는 등 토마스 목사 기념사업과 관련해 유명한 인물이다. 1902년에 태어난 한경직은 숭실전문학교를 졸업하고 미국으로 건너가 프린스턴신학교에서 공부하고 돌아온 후에 신의주 제2교회 담임목사를 지내고 해방 후에는 월남해 서울에 영락교회를 설립하는 등 한국 교회의 대표적인 지도자로 널리 알려진 인물이다. 따라서 전홍순도 대략 1902년 혹은 1903년에 출생했을 것으로 추정할 수 있다.

1925년 3월 27일 오후 4시에 선천 유학생회가 선천읍 북교회 예배당에서 강연회를 개최했는데, 유학생회 소속으로 같은 해 봄에 졸업한 학생들을 소개하고 연설을 듣기도 했다. 소개된 졸업생은 연희전문의 전최식(全最植), 이병수(李炳秀), 숭실대학의 전홍순(全興淳), 김희태(金熙泰), 세브란스의전의 최창대(崔昌大), 산현(山縣) 고등의 김원규(金元奎), 숭의여학교의 김성도(金聖道) 등이었다.[4]

전홍순은 숭실전문학교를 졸업한 후에 서울에 있는 세브란스 의학전문학교에 입학했다. 1926년 8월 6일 선천읍 명신(明信)유치원에서 선천(宣川) 유학생회 제6회 창립기념식이 열렸는데, 그 후에 열린 정기총

---

4) "선천 유학생 강연," 『동아일보』 1925년 4월 1일.

전흥순과 이원실의 결혼 사진
© Princeton Theological Seminary, Moffett Korea Collection

전흥순·이원실 부부와 첫째 딸 영희
© Princeton Theological Seminary, Moffett Korea Collection

회에서 회장으로 선출되었다.[5] 부회장에 김원규, 총무 문창모, 서기
전원규, 회계 오근태, 지육부장 김양선, 사회부장 차진호, 체육부장
안병건, 음악부장 전흥경, 고문 안병균 등이었다. 그리고 1927년 8월
20일 오후 1시에는 선천 공립보통학교 대강당에서 최창일의 사회로
개회해 선천 유학생회를 재조직하고 집행위원회를 구성했다. 이때 전
흥순은 집행위원에 선출되었다.[6]

---

5) "선천 유학생회 정기총회," 「매일신보」 1926년 8월 10일; "지방 집회," 「매일신보」 1926년 8월
   12일.
6) "지방 집회-선천 유학회 조직," 「조선일보」 1927년 8월 27일.

그는 세브란스에 재학 중이던 1928년 3월 23일에 이원실과 결혼했다. 부인 이원실에 대해서는 알려진 것이 없다. 그리고 첫째 딸 전영희는 1928년 12월 20일에 태어났고, 둘째 딸 전영숙은 1930년 12월 5일에 태어났다.

진홍순은 1931년 3월 19일에 세브란스 의학전문학교를 제9회로 졸업했다. 졸업식은 3월 19일 오후 2시 30분에 남대문밖 교회당에서 거행했는데, 졸업생은 39명이었고, 같은 선천 출신인 문창모(文昌模, 1907-2002)의 이름도 보인다.[7]

세브란스 의학전문학교 졸업사진.
© Princeton Theological Seminary, Moffett Korea Collection.

---

7) "형설공(螢雪功)의 성과-각교(各校)의 졸업식,"「동아일보」1931년 3월 20일.

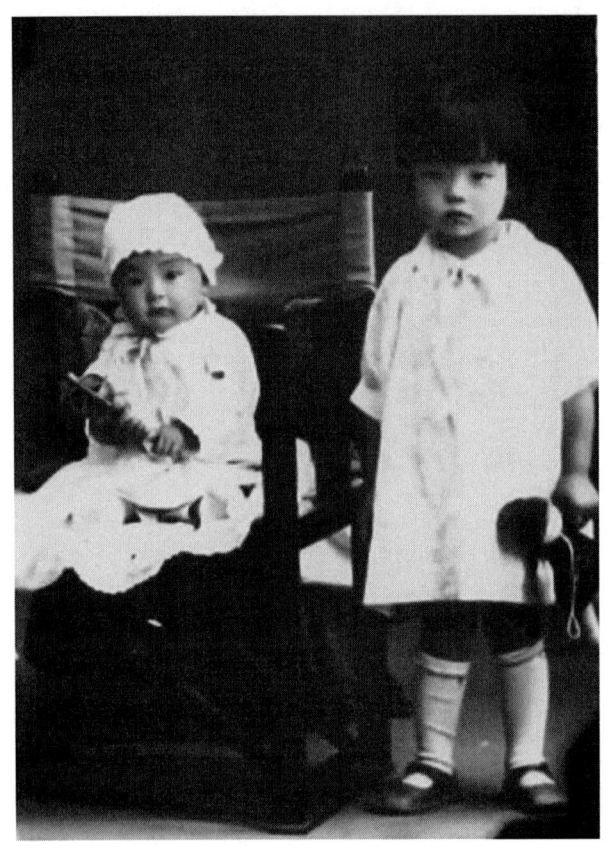

전흥순의 딸 영숙(왼쪽)과 영희
© Princeton Theological Seminary, Moffett Korea Collection

버츠 선교사는 위의 사진 뒷면에 "전흥순의 자녀들-아버지가 별세
한 지 한 달여 만에-1931년 7월 24일(Heung Syun Chyun's Children-Taken
about a month after their father's death-July 24, 1931)"이라고 기록했다. 이
기록대로라면 전흥순은 1931년 6월 말에 별세한 것이다. 다른 사진에

적혀 있는 메모에 의하면 그는 6월 29일에 세상을 떠났다.

1931년 8월 6일 자 「조선총독부관보」(1376호)에는 전홍순이 문창모와 함께 의사 면허를 취득한 내용이 게재되었는데, 1931년 7월 14일에 의사 면허를 취득한 것으로 나온다. 이때도 문창모와 함께 면허를 취득했다. 전홍순의 의사 면허 번호는 1075호였고, 문창모의 면허 번호는 1074호였다.[8] 결국 앨리스 버츠의 기록과 「조선총독부관보」의 기록을 같이 보면 전홍선은 안타깝게도 의사 면허를 받기 전에 별세한 것을 알 수 있다. 남편이 세상을 떠난 후 의사 면허장을 받은 부인 이원실의 마음은 얼마나 애통했을까? 아버지가 세상을 떠날 때 3살, 1살(아직 돌도 되지 않은)이던 딸들은 어떻게 자랐을까?

---

8) 「조선총독부관보」 제1376호(1931년 8월 6일), 44. 문창모는 평안북도 선천군 남면 산성동에서 태어나 1919년 고향의 삼봉공립보통학교를 졸업하고 1920년 정주 오산중학교에 입학했다가 1921년 서울 배재고등보통학교에 입학했다. 1926년 6·10만세운동 당시에 학생 대표로 적극 가담하여 체포된 후 기소유예로 풀려나기까지 3개월간 옥고를 치렀다. 1927년에 배재고보를 졸업하고 세브란스 의학전문학교에 입학하여 1931년에 전홍순과 함께 졸업했다. 그 후 경성제국대학 의과대학 이비인후과 부수(조교)로 일하다가 의사 면허를 취득한 후에는 1932년에 해주 구세병원 의사가 되었는데, 그때 구세병원과 구세요양원 원장이던 선교사 셔우드 홀(Sherwood Hall, 1893-1991)과 함께 한국에서 처음으로 크리스마스 실(Christmas Seal)을 발행하여 결핵 퇴치 운동을 벌였다. 이후 1934년 평양 연합기독병원 의사, 황해도 옹진군 용호도 공의, 신의주 강해룡병원 의사를 거쳐 1937년 해주에 평화의원을 개원했다.

17

길진섭과 미운 고향

한국 교회사에서 '길진섭(吉鎭燮, 1907-1975)'이라는
이름은 잘 알려지지 않았다. 그의 큰형 길진형(吉鎭亨, 1891-1917)은 105
인 사건으로 옥고를 치렀고,[1] 작은형 길진경(吉鎭京, 1902-1989)은 3·1 운

1) 길진형은 일제가 1911년에 '데라우치(寺內正毅) 총독 모살(謀殺) 미수 사건'으로 조작한 105
인 사건의 혐의자로 체포되어 1912년 9월에 열린 1심 재판에서 징역 5년을 선고받았고,
1913년 3월 20일에 열린 항소심 재판에서 무죄 판결을 받아 체포된 지 1년 5개월 만에 석
방되었지만, 구속되어 있는 동안 일본 경찰에게 심한 고문을 받았다. 석방 후에도 일제의
감시가 계속되어 중국 상하이로 피신한 후 1913년 9월에 미국으로 건너가 미주 흥사단(興
士團)과 대한인국민회(大韓人國民會)를 중심으로 교육 활동을 전개했다. 하지만 고문 후유증
의 악화로 1917년 11월에 귀국한 후 26세의 젊은 나이에 세상을 떠났다. 1990년에 대한민
국 정부는 그의 독립운동 공훈을 기려서 건국훈장 애족장(1977년 대통령 표창)을 추서했다.
길진형의 생애와 활동에 관해서는 다음 연구를 참고하라. 김일환, 『길진형의 생애와 독립운
동』(서울: 북랩, 2026), 1-217.

동에 참여하고 후에는 목사가 되었다.[2] 이 형제들의 아버지는 한국 장로교회 최초의 7인 목사 중 한 명이며 1907년 평양 대부흥운동으로 유명한 길선주(吉善宙, 1869-1935) 목사다. 막내인 길진섭은 화가가 되었다. 아버지가 당대에도 후대에도 너무 유명한 사람이어서 그에게는 벗어나고 싶은 그늘이었는지도 모르겠다.

하지만 목사인 아버지는 자유로운 예술을 꿈꾸는 아들을 아주 못마땅하게 여긴 것 같지는 않다. 아버지가 세상을 떠나고 몇 년이 지난 1939년에 쓴 글에서는 아버지에 대한 이런 추억도 있었다.

> 하도 아버지의 원이시기로 아버지의 초상을 그린 일이 있다. 큰 효도이었으련만 일 년 후에 그 초상을 지워 버렸다. 새로이 그린다는 핑계로 아버지의 소원을 막아 오던 것이 세상을 떠난 후 지금까지 그려 두지 못했으니 이 어찌 그림 그리는 자식으로서 더 큰 서러움이 또 있으랴.[3]

---

2) 길진경은 1917년 3월 19일에 숭덕학교(崇德學校) 고등과를 졸업하고 숭실중학교에 입학하여 공부한 후 1919년에 제15회로 졸업했다. 3·1 운동 당시 숭실중학교 선후배인 이보식(李輔植), 김태술(金泰述), 이겸호(李謙浩), 이인선(李仁善) 등과 함께 숭덕학교에서 만세 시위를 주도하였고, 그해 3월 15일경부터 26일까지 같은 동료들과 함께 등사판 「독립신문」(후에는 「독닙신보」)을 제작하여 학교 주변과 평양 시내에 배포했다. 그는 이 일로 체포되어 수감 생활을 했다. 출옥 후에 중국 난징으로 건너가서 금릉대학에서 공부했으며, 귀국한 후에는 1930년 4월에 평양 장로회신학교에 입학하여 1933년 3월에 졸업하고 그해 10월에 목사 안수를 받았다. 김일환, "길선주 목사와 아들 길진형, 길진경의 독립운동 연구: 삼부자(三父子)의 독립운동," 「시민문화 춘추」 37(2024. 봄), 58-66.

3) 길진섭, "不孝自叙, 나는 불효다," 「여성」 4권 7호(1939.7), 70-71.

화가인 아들에게 자신의 초상화를 그려 달라고 간곡히 부탁한 것을 보면, 이 부자 관계가 불화로 점철한 것은 아님을 알 수 있다. 물론 어린 시절 길진섭에게 평양은 벗어나고 싶은 미운 고향이었다. 1941년에 쓴 "미운 고향"이라는 글에서 자신에게 힘든 굴레를 씌운 고향 사람들과 주위의 분위기를 이렇게 회고했다.

패성(浿城)이 내 자라난 고향으로 하여서 뼈와 사상이 여물지 않은 그때의 나를 주위에 사람들은 종교 위에서 나를 단죄했고, 사회적 모랄 위에서 저울질한 그때 나의 환경을 눈감고 추억한다면 그리 미웁던 나의 고향이 이제 나는 다사로운 호흡으로 다만 패강(浿江)의 윤곽을 그려 본다. (중략) 뱃속에서부터 종교를 지니고 세상에 나와야만 할 나의 집으로 하여 나에게 오는 그들 많은 신도들의 미움이 어찌하여 내가 고향을 미워하는 원인이 되었을꼬. '야곱'과 같이 영악지 못했고, '에서'와 같이 방랑을 호흡하려 들던 나에게는 다만 하나의 회화(繪畵)만이 내 몸속에 잠기어 자라났을 뿐이다.[4]

길진섭은 1921년 숭실중학교에 입학한 이후에도 학과 시간이나 채플 시간에 슬며시 교문을 나와 만수대 풀밭 위에 누워서 맑은 하늘을 쳐다보는 버릇이 생겼고, 아버지의 설교를 잊어버리고 자정에 집

---

4) 길진섭, "미운 고향," 「문장」 3권 4호(1941.4), 226-227.

담을 넘어 대동강 달구경을 하기도 했다.[5] 그의 예술적 재능은 미술 뿐 아니라 음악에도 있었던 것 같다. 숭실중학교에 재학 중이던 1921년 10월 19일에 신의주에서 열린 유년주일학교(幼年主日學校) 학예회를 축하하기 위해 부른 "출중한 독창은 만좌(滿座)의 갈채"를 받을 정도였다.[6]

그는 숭실중학교를 졸업하지 않고 1923년경에 서울로 올라와 중앙고등보통학교 도화(圖畫) 교실에서 기초적인 서양화 교육을 받았으며,[7] 서화협회(書畫協會)에서 설립한 서화학원에서도 그림을 배웠다.[8] 그는 1925년 제5회 서화협회 미술전람회(美術展覽會)에 유화 작품인 「풍경 스케치」와 「자화상」을 출품했는데, 「자화상」은 "두발(頭髮)의 빈약한 외형 모사(模寫)로 실패된 작품"이라는 평을 받았고, 「풍경 스케치」는 "순화된 색채와 송간(松幹)의 충실한 모사로 장내(場內) 수일(隨一)인 율동(律動)이 강한 작품"으로 평가받았다.[9] 같은 해 제4회 조선미술전람회(朝鮮美術展覽會)에는 「풍경」을 출품해 입선(入選)했지만,[10] 평론가 김복진(金復鎭, 1901-1940)은 "이번 작품은 협전(協展) 때 것보다도 퍽 떨어져 보인다. 색채의 생동(生動)이라는 것을 생각해 주면 하는 주문이나 해 보자."라고 비평하기도 했다.[11]

---

5) 길진섭, "不孝自叙, 나는 불효다," 70-71.
6) "유년주일교학예회," 「동아일보」 1921년 10월 24일.
7) 신혜리, "華岩 吉鎭燮(1907-1975)의 作品世界 研究"(이화여자대학교 석사학위논문, 2024), 7-8.
8) 김소연, "1920년대 미술교육과 근대화단의 재편," 「한국근현대미술사학」 38(2019), 88-89.
9) 김복진, "협전 5회 평," 「조선일보」 1925년 3월 30일.
10) "미전 입선 작품 발표," 「조선일보」 1925년 5월 29일.
11) 김복진, "제4회 미전 인상기(2)," 「조선일보」 1925년 6월 3일.

1926년경에는 일본 도쿄로 건너가 가와바타화학교(川端畵學校)에서 체계적인 서양화 수업을 받으며 미술학교 입학을 준비한 후, 1927년에 도쿄 미술학교 서양화과에 특별학생으로 입학했다.[12] 그는 2학년에 재학 중이던 1928년 제7회 조선미술전람회에「정물(靜物)」출품해 입선했으며,[13] 1930년에는 도쿄 미술학교 동문들이 조직한 동미회(東美會)와 백만양화회(白蠻洋畵會)를 통해서 작품 활동을 했다.[14] 1930년 동미전(東美展)에 출품한「검은 만도」와「잠자는 여인」에 대해 평론가 안석주(安碩柱, 1901-1950)는 "퍽 활기(活氣) 있는 작품"이라고 평가했다.[15] 같은 해 9월 20일에는 조선일보의 후원으로 첫 개인전을 평양 상품진열관에서 개최했다.[16]

그는 1932년 2월에 이마동(李馬銅), 김응진(金應璡) 등과 함께 도쿄 미술학교를 졸업했는데,[17] 졸업 작품으로「자화상」과「옆으로 누운 나부(裸婦)」를 제출했다.[18] 졸업 후 귀국한 길진섭은 서울을 중심으로 활

---

12) 신혜리, "華岩 吉鎭燮(1907-1975)의 作品世界 硏究," 12, 16

13) "미전 작품 발표,"「동아일보」1928년 5월 6일;「조선총독부관보」제430호(1928년 6월 6일), 47.

14) 신혜리, "華岩 吉鎭燮(1907-1975)의 作品世界 硏究," 20-21. 백만양화회의 창립 회원은 길진섭, 구본웅(具本雄), 김응진(金應璡), 이마동(李馬銅), 김용준(金瑢俊) 등 5명이었다. "새 미술 단체 백만회 조직,"「동아일보」1930년 12월 23일; 김용준, "白蠻洋畵會를 맨들고,"「동아일보」1930년 12월 23일.

15) 안석영, "동미전과 합평회(3),"「조선일보」1930년 4월 25일. 안석주의 호가 석영(夕影)이라서 안석영(安夕影)이라고 쓰는 경우가 많았다.

16) "평양 길진섭 개인 미전회,"「조선일보」1930년 9월 10일; "길진섭 군의 개인전 성황,"「조선일보」1930년 9월 23일.

17) "금춘 졸업할 일본 유학생(하),"「동아일보」1932년 2월 6일.

18) 신혜리, "華岩 吉鎭燮(1907-1975)의 作品世界 硏究," 18-19.

발하게 활동했다. 1933년 5월부터 11월까지 「조선일보」에 연재된 채만식의 신작 소설 "인형(人形)의 집을 나와서"의 삽화 작업을 했으며,[19] 1934년 5월에는 구본웅, 김용준, 김응진, 송병돈, 이병규, 이종우, 황술조 등과 함께 서양화단체인 목일회(牧日會)를 조직해 활동했는데, 1936년 1월 당시 회원이 20여 명이었다.[20]

화가 정현웅(鄭玄雄, 1911-1976)은 1937년 당시 길진섭이 그린 작품에 대해 이렇게 평가했다.

> 이 전람회의 가장 기교가요 격정적 감동성을 가진 작가다. 경쾌한 선과 교묘한 필치와 청초하고 시크(chic)한 색조로 힘들이지 않고 화면(畫面)을 정돈시켰다. 예민하고 섬세한 신경이 화면 구석 구석에 퍼졌다.[21]

또한 그는 문학인들과도 교류하며 활발하게 문필 활동을 했다. 1939년 2월에 창간한 문예지 「문장(文章)」의 디자인 편집위원으로 참여했으며, 염상섭의 소설 『삼대(三代) 上』(1939), 김상용의 시집 『망향(望

---

19) 소설은 150회까지 연재되었는데, 삽화는 길진섭(1-90회), 김규택(91-129회), 안석영(130-150) 등이 나눠서 그렸다. "신소설 예고, 채만식 작, 인형의 집을 나와서," 「조선일보」 1933년 5월 19일; "인형의 집을 나와서(1)," 「조선일보」 1933년 5월 27일; "인형의 집을 나와서(91)," 「조선일보」 1933년 9월 5일; "인형의 집을 나와서(131)," 「조선일보」 1933년 10월 20일; "인형의 집을 나와서(150)," 「조선일보」 1933년 11월 14일.

20) "서양화가 신단체 목일회 전람회," 「조선일보」 1934년 5월 8일; "목일회 소전," 「동아일보」 1934년 5월 16일; "각계 진용과 현세-미술계-목일회," 「동아일보」 1936년 1월 1일.

21) 정현웅, "목시회 전평(중)," 「조선일보」 1937년 6월 15일. 목일회는 1937년에 목시회(牧時會)로 이름을 바꿨다.

郷)』(1939), 정지용의 시집『백록담(白鹿潭)』(1941) 등의 표지화와「신세기
(新世紀)」,「산문(散文)」등의 표지화를 그렸다.[22] 그리고「문장」,「여성」
등의 잡지와 일간지 등에 삽화가 들어간 다양한 글을 기고했다. 그는
짧은 기행문을 삽화와 함께 연재하기도 했는데, 금강산 비로봉에 있
는 구미산장(久米山莊)을 방문했던 추억을 이렇게 적었다.

　작년 여름이다. 처음으로 비로봉을 넘고 처음으로 산상소옥(山
上小屋) '구미산장'에서 하룻밤을 지난 기억. 구름이 몰려 달을 감
추고 달이 구름을 헤치는 선경(仙境). 신비로운 자연의 경계에서
화필을 잡기에도 두렵던 마음이었다.
　안개를 뚫고 쏟아지는 물. 몇천 년 물에 씻긴 암색(岩色).[23]

22)　신혜리, "華岩 吉鎭燮(1907-1975)의 作品世界 硏究," 44-49.
23)　길진섭, "여로추억, 구미산장의 달," 「여성」 4권 9호(1939.9), 33.

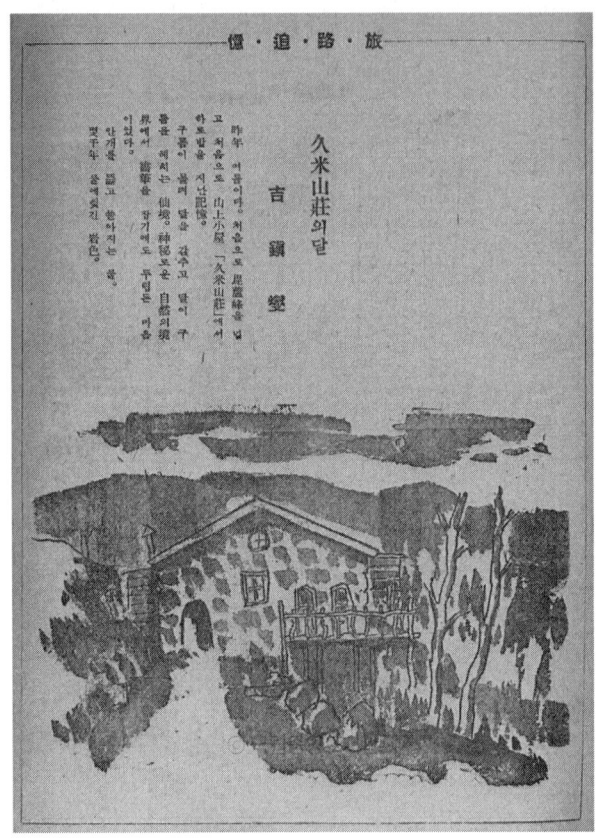

"여로추억, 구미산장의 달", 「여성」 4/9(1939. 9.)

해방 후 길진섭은 1945년 8월 18일에 결성된 조선문화건설중앙협
의회 산하 조선미술건설본부의 서양화부 위원으로 참여하고 11월에
는 조선미술협회의 평의원이 되었다.[24] 1946년 1월에는 독립미술협회

---

24) "조선문화건설중앙협의회 결성," 「매일신보」 1945년 8월 24일; "조선미술협회 창립," 「조선
   일보」 1945년 11월 23일.

회원,[25] 2월에는 조선조형예술동맹 가입 후 부위원장, 9월에는 서울대학교 예술대학 미술부 제2회화과 주임교수가 되었다.[26] 같은 해 11월에는 조선미술동맹에 가입해 1947년 6월에 위원장이 되었다.[27] 그는 1947년 말경에 월북한 후 1948년 8월 해주에서 개최된 남조선인민대표자대회에 참석해 제1기 최고인민회의 대의원으로 선출되었고, 국립미술제작소 소장과 평양 미술전문학교 교원을 역임했다. 1952년에는 조선미술가동맹 중앙위원회 부위원장에 선임되었다.[28]

일설에는 그가 1955년에 그린 「어머니 초상」 때문에, 그의 어머니 신선행(申善行, 1864-?) 여사가 그때까지 생존했던 것으로 보기도 한다.[29] 만약 신선행 여사가 생존해 있었다면 91세가 되었을 텐데, 그림 속의 그는 매우 연로(年老)해 보이기는 하지만 과연 생존한 신선행 여사의 초상을 그린 것인지는 정확히 알 수 없다.[30] 1935년 11월에 길선주 목사가 세상을 떠난 후 신선행 여사가 어떻게 생활했는지 알려 주는 기록을 찾아볼 수 없다. 해방 후 길선주 목사의 자녀들(1917년 별세한 장남 길진형의 부인 오순애(吳順愛)와 그의 아들 길낙영(吉樂永)

---

25) "독립미술협회 창립," 「조선일보」 1946년 1월 26일.

26) 신혜리, "華岩 吉鎭燮(1907-1975)의 作品世界 硏究," 54; "인사," 「경향신문」 1946년 11월 16일.

27) "미술동맹 위원장에 길진섭 화백," 「문화일보」 1947년 6월 21일.

28) 리재현, 「조선력대미술가편람(증보판)」(평양: 문학예술종합출판사, 1999), 256.

29) 양국주, "신선행, 당산나무 같은 조선 여인," 「NP 뉴스파워」 2010년 1월 12일. https://www.newspower.co.kr/15134. [2025년 10월 10일 접속].

30) 길진섭이 1974년에 연필로 그린 스케치 「어머니의 초상」도 있는데, 이 스케치는 사진을 보고 그린 것으로 파악되어서, 1955년 작 「어머니 초상」이 생존해 있던 신선행의 모습을 그린 것이라고 확정할 수는 없다.

가족, 차남 길진경 목사 가족 등)은 월남한 것으로 보이는데, 만약 연로한 신선행이 홀로 평양에 남았다면, 길진섭이 북한으로 간 이유 중에는 홀로 남은 어머니를 모시려는 이유도 있지 않았을까 생각해 본다.

길진섭의 「어머니 초상」(1955년)

"미운 고향"의 마지막에 적어 놓은 내용을 통해 그의 마음을 짐작해 볼 뿐이다.

> 그래도 고향은 마음에 머무는 곳. 다만 강반(江畔)에 홀로 서서 한줄기 뻗은 호젓한 패강(浿江)을 훑어보고 싶어서. "그래두 고향에 오면 날 찾아야디", "오고 싶은 생각이야 많았다네."
>
> (중략)
>
> "고향에 왔다고 내 어디 집이 있나", "아— 참 그렇디", "밉던 고향이 집 없는 고향이구나." 중학 시절의 나의 동창이 하는 말. "공중에 나는 새도 집이 있고 여우도 굴이 있으나 인자는 머리 둘 곳이 없노라." 그리스도의 말을 외우며 내 손목을 놓고 가는 그 친구를 만나려 굳이굳이 밉던 내 고향을 찾았던지.[31]

---

31) 길진섭, "미운 고향," 227.

18

해방 전 한국에서 사역한
선교사 2세

대부분의 재한 선교사들이 한국을 떠나고 태평
양전쟁 개전이 눈앞에 다가오던 1941년 4월에 *The Korea Mission
Field*(*KMF*)는 한국에서 선교 활동을 해 온 선교사 2세 27명과 선교
사 3세 1명을 소개하는 기사를 게재했다. 물론 여기에 소개한 28명
외에도 해방 전 한국에서 활동한 선교사 2세는 더 있다. 이들은 당연
히 재한 선교사들의 자녀들이었고, 대부분 한국에서 태어나 자라고
평양이나 서울의 외국인학교를 졸업했다. 그 후에는 부모의 모국 소
재 대학교와 신학교에서 공부한 후에 선교사로 파송을 받아 한국에
온 사람들이었다. 28명에 관해서 소개한 내용은 다음과 같다.

한국에서 사역하는 2세대 선교사들[1]

이름, 주소	학력, 학위	직업(파송 연도)	특별 항목 (부인, 자녀)
에드워드 아담스 (Edward A. Adams) 목사, 대구	우스터대학(1918), 매 코 믹 신 학 교 (1921)	미국 북장로회 선 교사(1921)	부인 컴스톡(M. S. Comstock), 존 에드 워드(17세), 딕 컴스 톡(12세)
조 지 아 담 스 (George J. Adams) 목사, 안동	옥시덴탈대학 (1929), 샌 안셀모 신학교[2](1932)	미국 북장로회 선 교사(1932)	부인 메리드 로 버츠(Married M. Roberts), 에드워드 (6세), 조지(2세), 도 널드(1세)
더글라스 에비슨 (Douglas B. Avison) 의사, 서울, 세브 란스의학전문학교	토론토대학교 의 과대학(1919), D. P. H.(1927)	미국 북장로회 선 교사(1920), 세브 란스의전 소아과 교수, 서울외국인 학교 의료 담당 (1940)	선천 미동(美東)병 원(1921-1922), 세 브란스의전(1927-1934), 세브란스 의전 부교장(1934-1939)
앨 리 스 아 펜 젤 러 (A l i c e R. Appenzeller), 서 울, 이화여자전문 학교	웰슬리대학(1909), 컬럼비아대학교(교 육학 석사, 1922), 보 스턴대학교(명예 교 육학박사, 1937)	미국 감리회 선교 사(1915), 이화여전 명예 교장	청(Blue) 리본 메달 수훈[3], 이화학당 (여전) 교장(1922-1939), Who's Who in America 등재

1) "Second Generation Missionaries in Korea" *KMF* (Apr. 1941), 61-64. 설명이나 정정(訂 正)이 필요한 부분에는 필자가 각주를 첨가했다.

2) 미국 캘리포니아주 샌프란시스코 북쪽 샌 안셀모에 있는 샌프란시스코신학교를 말한다.

3) 1935년에 일본 정부로부터 교육 공로를 인정받아 수여 받았다. 앨리스 R. 아펜젤러/허경 진, 허혜란, 이희락 역, 『앨리스 아펜젤러 교장의 선교 편지』(파주: 보고사, 2025), 23.

헨리 아펜젤러 (Henry D. Appenze11er) 목사, 서울, 정동 정(貞洞町) 34	프린스턴대학교 (1912), 드루신학교 (1915), 뉴욕대학교 (석사, 1915), 퍼시픽 신학대학원(명예신 학박사, 1930)	미국 감리회 선교 사(1917), 배재학교 교장	서울유니온교회 목사, 조선예수교 서회 대표(1939), 마 거리트(21세), 리처 드(17세), 캐롤(16세)
리처드 베어드 (Richard H. Baird) 목사, 강계	우스터대학(1920), 프린스턴신학교 (1923)	미국 북장로회 선 교사(1923)	엘리자베스(14세), 존(12세), 메리(9세), 레베카 루이스
윌리엄 베어드 (William Martyn Baird Jr) 목사, 재령	우스터대학(1919), 프린스턴신학교 (1922), 프린스턴대 학교(석사, 1922), 성 경신학교(1929)	미국 북장로회 선 교사(1923)	앤 루이스(9세)
샬럿 벨(Charlotte W. Bell) 린턴(W. A. Linton)의 부인, 전주	아그네스 스콧대 학(1921)	미국 남장로회 선 교사(1922)	켄터키주 셀비빌 의 사이언스 힐 (Science Hill) 학교에서 프 랑스어 교육, 윌리 엄(18세), 유진(17 세), 휴(15세), 드와 이트(12세)
캐서린 블레어 (Katherine Blair), 헌 트(Bruce F. Hunt)의 부인, 만주 하얼빈	파크대학(1922- 1926)	미국 북장로회 선 교사(1932-1936), 미국 정통장로회 선교사(1937)	평양외국인학교 교사(1928-1931)[4], 로이스 마거리트(7 세), 버사 로이드(3 세), 캐서린 콘딧(2 세), 데이비드 블레 어(1세), 메리 알렌 (1세)

4) 캐서린 블레어는 1929년 9월에 내한해 곧바로 평양외국인학교 교사로 재직했다.

로이스 블레어(Lois Blair), 평양	파크대학(1924), 미시간대학교(석사, 1927)	미국 북장로회 선교사(1931)	평양외국인학교 교사, 교장 대리 (1938-1939)
프랜시스 본윅 (Frances Bonwick), 만주 용정촌(龍井村)	토론토대학교 (1927), 컬럼비아대학교 사범대학(석사, 1928)	캐나다 연합교회 선교사(1929)	만주의 유일한 한국인 여자고등학교에서 근무, 교장 (1924-1929)[5]
알렌 클락(Allen D. Clark) 목사, 청주	매캘러스터대학 (1930), 프린스턴신학교(1933)	미국 북장로회 선교사(1933)	로버트(5세), 도로시(3세), 캐슬린(2세)
릴리언 크레인 (Lillian Crane), 토마스 서덜(Thomas Southall)의 부인, 순천	피스 학원(Peace Institute) 졸업 (1940), 총회훈련학교(1936), 종교 교육학 학사(B.R.E.)	미국 남장로회 선교사(1938)	토마스 발렌타인 (1941)
셔우드 홀 (Sherwood Hall) 의사, 해주, 인도 마다르	마운트 유니온대학 (1919), 토론토대학교 의과대학(1923), 결핵 전문 연구 (1923-1925)[6] 런던 트로피컬 의과대학(1925-1926) 동양 질병 전문 연구[7]	미국 감리회 선교사(1926)	해주 결핵요양원 (구세요양원) 설립 (1928), 크리스마스 씰 발행(1932), 마리안 버텀리와 결혼, 윌리엄(13세), 조(8세), 필리스(6세)

5) 교장 근무 기간에는 오류가 있다. 본윅은 1932년부터 36년까지 함경북도 회령의 보흥여학교 교장 재직 후, 1936년부터 40년까지 용정의 명신여학교 교장으로 재직했다. 내한선교사사전 편찬위원회 편, 『내한선교사사전』, 541.

6) 뉴욕 롱아일랜드 홀츠빌에 있는 서퍼크 결핵 요양소에서 결핵을 연구했다. 셔우드 홀/김동열 역, 『닥터 홀의 조선 회상』(서울: 좋은 씨앗, 2003), 284; 내한선교사사전 편찬위원회 편, 『내한선교사사전』, 1367.

7) 셔우드 홀과 마리안 부부가 함께 런던 트로피컬 의과대학에서 열대병을 포함한 동양의 여러 질병을 전문적으로 연구했다. 셔우드 홀/김동열 역, 『닥터 홀의 조선 회상』, 287-294.

브루스 헌트(Bruce F. Hunt) 목사, 만주 하얼빈 치치하얼 (齊齊哈爾) 22	럿 거 스 대 학 교 (1924), 프린스턴신학교(1928)	미국 북장로회 선교사(1928-1936), 미국 정통장로회 선교사(1937)	캐서린 블레어 참고
펄 맥레(Pearl McRae), 베이컨 (Roland C. Bacon)의 부인, 성진, 중앙 인도, 인도르(Indore)	핼리팩스여자대학, 음악원, 매리타임 비즈니스 대학(1931)	캐나다 연합교회 선교사(1932), 여자 성경학원 피아노 교사	휴(7세), 에디스(7세)[8]
루스 노블(Ruth E. Noble), 아펜젤러(Henry D. Appenze11er)의 부인, 서울, 정동정 (貞洞町) 31	성경신학교(1938)[9]	미국 감리회 선교사(1917), 배재학교 교사, 주부	마거리트(21세), 리처드(17세), 캐롤(16세)
존 프레스톤(John F. Preston Jr) 의사, 광주	데 이 비 슨 대 학 (1935), 듀크대학교 의과대학(1939)	미국 남장로회 선교사(1937)[10]	광주기독병원(제중원) 담당
애 니 프 레 스 톤 (Annie S. Preston), 커밍(Daniel J. Cumming)의 부인, 목포	아그네스 스콧대학(1933)	미국 남장로회 선교사(1934)	순천외국인학교 근무(1년), 윌리엄(6세), 페어맨(4세), 앤 섀넌(2세)

8) 휴 맥레(Hugh McRae)는 1933년 5월 8일 서울에서 태어났고, 에디스 릴리안(Edith Lillan)은 1934년 7월 28일 용정에서 태어났다. 내한선교사사전 편찬위원회 편, 『내한선교사사전』, 514-515.

9) 루스 노블은 노스필드신학교(1911), 와이오밍신학교(1915), 뉴욕 화이트성경신학교(1918) 등을 졸업했다. 위의 책, 756.

10) 프레스톤 부부는 1939년 11월 18일에 한국 선교사로 지명되어 1940년 1월에 내한했다.

유지니아 로버츠 (Eugenia Roberts), 클락(Allen D. Clark) 의 부인, 청주	윌슨대학(1931), 성 경신학교(1932)	미국 북장로회 선 교사(1933)	로버트(5세), 도로 시(3세), 캐슬린(2 세)
엘라 샤록스(Ella Janet Sharrocks), 대구	노스필드신학교 (1921), 뉴욕 장로 교병원 간호학교 (1924)	미국 북장로회 선 교사(1925), 세브란 스병원 간호부장	로벤스타인 클리 닉 간호·조산사 6 개월 과정(1936, 뉴 욕, 공인 간호·조산사자격증)
찰 스 스 톡 스 (Charles D. Stokes) 목사, 서울	애즈베리대학(1935), 애즈베리신학교 (1938), 예일대학교 박사과정 수료	미국 감리회 선교 사(1940)	
올리벳 스왈른 (Olivette R. Swallen), 평양	노스필드신학교 (1915), 무디성경학 원(1921), 오하이오 주립대학교(1년 재 학), 컬럼비아대학 교 사범대학(1년 재 학), 휘튼대학(1929)	미국 북장로회 선 교사(1922)	숭의여학교 교장 (1938)
거트루드 스왈 른(Gertrude E. Swallen), 보켈 (Harold V. Voelkel) 의 부인, 안동	우스터대학(1921), 무 디 성 경 학 원 (1923)	미국 북장로회 선 교사(1929)	학 생 자 원 운 동 (SVM) 1년 활동 아 틀 란 틱 시 티 YMCA 2년 활동, 사라(10 세), 잔비어(6세), 테 어도르(2세)
존 탤미지(John E. Talmage) 목사, 군산	메리빌대학(1934), 컬럼비아신학교 (1936)	미국 남장로회 선 교사(1937)	

호레이스 언더우드(Horace H. Underwood), 서울, 연희전문학교	뉴욕대학교(학사, 1912, 석사, 1924, 박사, 1925), 마운트연합대학(명예문학박사, 1934)	미국 북장로회 선교사(1912)	연희전문학교 교장(1934), 호레이스(23세), 존 토마스(21세), 제임스 호튼(21세), 리처드(12세), 그레이스(10세)
제임스 윌슨(James S. Wilson) 의사, 군산	데이비슨대학(1934), 듀크대학교 의과대학(1937), 디트로이트 포드 병원 인턴(D.N.B., 1938), 로스캐롤라이나 더럼와츠병원(1년 근무)	미국 남장로회 선교사(1939)	엘리자베스 스튜어트(1세)

3세대 선교사[11]

이름, 주소	학력, 학위	직업(파송 연도)	특별 항목 (부인, 자녀)
호레이스 언더우드 2세(Horace G. Underwood), 서울, 연희전문학교	해밀턴대학(1940)	교수	연희전문학교 교수 3년 계약(1940-1943), 최초의 3세대 선교사

11) "Third Generation," *KMF* (Apr. 1941), 64.

이들은 모두 1940년과 41년에 한국을 떠나게 되었지만, 귀국 후에
도 한국을 위해 활동한 사람들이 많았다.[12] 1945년 해방 후에는 상당
수가 다시 한국으로 돌아왔으며, 미군정 기간(1945-1948)에 미군과 한
국인들 사이에서 중요한 역할을 하기도 했다.

태평양전쟁 당시 인도와 미얀마 전선에서 한국광복군과 함께 활
동하다 전사한 선교사도 있다. 캐나다 연합교회 선교사로 함경남도
함흥과 함경북도 회령, 만주 용정에서 사역한 펄 맥레와[13] 롤랜드 베
이컨(Roland C. Bacon)[14] 부부는 충칭(重慶) 대한민국 임시정부 광복군
의 대일전(對日戰)과 깊은 관련이 있다. 이들은 1940년 12월에 캐나다
로 돌아갔다가 다음 해 2월에 캐나다 연합교회 중앙 인도 선교부로
파송되어 사역했는데, 베이컨은 1942년 9월에 인도 현지의 영국군

---

12) 귀국한 선교사 2세 중 에드워드 아담스, 존 탤미지, 호레이스 H. 언더우드 등은 귀국 직
후 미국 정보당국에 한국의 상황, 한국인 지도자의 존재, 일본에 대한 한국인들의 지지,
미국의 한국 독립 인정이 가져 효과 등에 대하여 자신들이 알고 있는 정보와 의견을 전달
했다. 특히 호레이스 H. 언더우드는 전략첩보국(OSS), 해군정보국(ONI), 육군정보국(MIS),
연방조사국(FBI), 전쟁정보처(OWI) 등과 4차례 이상 면담하면서 한국에 대한 자세한 정보
를 제공했다. 안종철, 『미국 선교사와 한미관계, 1931-1948: 교육 철수, 전시협력 그리고
미군정』(서울: 한국기독교역사연구소, 2010), 205-209.

13) 엘리자베스 펄 맥레(Elizabeth Pearl MacRae, 1908-1966)는 캐나다 장로회 선교사로 내한하
여 사역한 던컨 맥레(Duncan M. MacRae, 마구례(馬求禮, 馬具禮), 1868-1949)와 에디스 서덜
랜드(Edith F. Sutherland, 1875-1956) 부부의 첫째 딸로 태어났다. 1931년에 베이컨과 결혼
하고 캐나다 연합교회 선교사로 임명되어 그해 12월 22일에 함경북도 회령선교부에 부임
하여 사역을 시작했다. 내한선교사사전 편찬위원회 편, 『내한선교사사전』, 514.

14) 롤랜드 베이컨(1904-1945)은 캐나다 노바스코샤주 애머스트에서 출생했다. 1929년에 뉴브
론즈윅(New Brunswick)의 앨리슨대학교, 1931년에 핼리팩스의 파인힐신학교를 졸업하고
그해 캐나다 연합교회에서 목사 안수를 받았으며, 엘리자베스 펄 맥레와 결혼했다. 위의
책, 514.

특수 공작대에 입대해 1년 4개월 과정의 장교 훈련학교를 마치고, 1943년 10월부터 영국군 특수공작 임무를 수행하기 위해 만들어진 SOE(Special Operations Executive) 136부대 소속 대위로 작전에 참여했다.

그는 충칭 임시정부에서 파견한 한국광복군 인면전구공작대(印緬戰區工作隊)와[15] 영국군의 연락 업무를 담당하면서 함께 활동했는데,[16] 그들은 인도와 미얀마의 국경지대인 임팔(Imphal), 디마푸르(Dimapur), 캉글라통비(Kanglatongbi), 우크룰(Ukhrul), 비센푸르(Bishenpur), 티딤(Tiddim) 등지에서 대적 방송을 비롯해 문서 해독, 포로 심문, 선전 잡지 발행 등의 작전을 함께 수행했다. 베이컨은 작전 중 1945년 3월 13일에 전사했으며, 부인 펄 맥레는 남편의 뒤를 이어 인면전구공작대와의 연락 업무를 맡기도 했다. 정부는 2020년에 베이컨의 공적을 기

---

15) 인면전구공작대(印緬戰區工作隊)의 '인(印)'은 인도를 말하고, '면(緬)'은 버마(면순[緬甸]), 즉 현재의 미얀마를 말한다. 영문 명칭은 Korean National Army Liaison Unit(KNALU)였으며, 인원은 대장 한지성(韓志成), 부대장 문응국(文應國), 대원 최봉진(崔俸鎭, [崔相哲]), 김상준(金尙俊), 나동규(羅東奎), 박영진(朴永晉), 송철(宋哲), 김성호(金成浩), 이영수(李英秀) 등 전체 9명이었다. 박민영, "한국광복군 印緬戰區工作隊 연구," 「한국독립운동사연구」 제33집 (2009.8), 153.

16) 인면전구공작대는 인도 델리에서 1943년 9월 15일부터 12월 10일까지 공작 수행을 위한 훈련을 받았는데, 이때 대원들에게 영어를 가르친 사람은 미국 감리회 선교사로 충청남도 공주에서 34년(1906-1940) 동안 활동한 프랭크 윌리엄스(Frank E. C. Williams, 우리암(禹利岩), 1883-1962)였다. 그는 1940년 11월 한국에서 강제 추방된 후 인도로 가서 델리 외곽의 가지아바드(Ghaziabad)에 농업 기술과 자력갱생을 가르치던 '인그라함학교'를 설립하여 운영하고 있었다. 위의 논문, 177.

려서 건국훈장 애족장을 추서했다.[17)

인면전구공작대원과 베이컨 ⓒ 국사편찬위원회 한국사데이터베이스
(앞줄 왼쪽부터 김성호, 한지성, 베어컨, 송철, 뒷줄 왼쪽부터 문응국, 김상준, 박영진, 최봉진, 나동규)

---

17) 베이컨과 인면전구공작대의 대일전 활동에 관해서는 다음 연구를 참고하라. 류동연, "한
     국광복군 인면전구공작대의 파견 배경과 성격," 「한국근현대사연구」 제95집(2020.12),
     55-83; 류동연, "자료 소개-R. C. Bacon 유족 제공 자료를 통해 본 인면전구공작대," 「한
     국근현대사연구」 제94집(2020.9), 261-278; 박민영, "한국광복군 印緬戰區工作隊 연구,"
     143-184.

19

소련 군정 문서를 통해 보는
조선사회민주당

1945년 8월 15일 해방을 맞이한 이후, 남북한 지역에서 가장 일찍 정당이 조직된 지역은 평안북도 신의주였다. 신의주에서는 윤하영, 한경직 목사와 이유필 등이 그해 9월 초에 사회민주당을 조직했다.

신의주는 경의선의 종착지로 1914년에 행정구역이 개편되면서 의주군에서 분리해 신의주부(新義州府)로 승격된 후 1924년에 도청 소재지가 되면서 발전한 신흥도시였다. 이곳에 1910년대 초에 신의주 제일장로교회가 설립된 후 1930년대에 제6교회까지 분립할 만큼 기독교가 빠르게 성장해 당시 신의주 인구의 16퍼센트가 기독교인이었다.[1]

---

1) 평북노회사편찬위원회 편, 『평북노회사: 1912-1996』(서울: 대한예수교장로회 평북노회, 1996), 86.

이런 이유로 1945년 8월 16일에 신의주 제일교회 담임목사 윤하영(尹河英, 1889-1956), 신의주 제이교회 담임목사 한경직(韓景職, 1902-2000), 신의주 제일교회 교인 이유필(李裕弼, 1885-1945) 등 기독교 지도자와 지역 유지 수십 명이 모여서 신의주 자치위원회를 조직했는데,[2] 그 구성은 다음과 같다.

위원장	이유필
부위원장	윤하영, 한경직
위원	이 황, 안국보, 백효민, 최치호, 윤종흠, 이윤근, 전찬배, 박기우, 이희우, 백준환, 신인세, 이성열
비서	최승락

하지만 8월 23일에 소련군이 압록강 건너편에 있는 단둥(丹東, 安東)에 진주하기 시작했고, 8월 25일에 평북 후창, 강계, 희천을 거쳐서 평양에 도착했다. 평안북도에는 8월 27일에 소련군 선발대가 도착했으며, 30일에는 제25군 사령관 치스차코프(Ivan Mikhailovich Chistyakov) 상장 일행이 신의주에 입성했다. 31일에 치스차코프는 평안북도 임시

---

2) 해방 당시 신의주 제2교회 담임목사였던 한경직의 증언에 따르면 평북도지사 야마지 야스유키(山地靖之)가 면담을 요청하여 1945년 8월 16일에 그를 만났는데, 그때 치안 유지를 부탁했고 한경직은 이를 승낙한 후 자치위원회를 조직하게 되었다고 밝혔다. "원로와의 대담/한경직 목사를 만남(대담-이만열)," 『한국기독교와 역사』 창간호(1991.7), 154; 한경직, 『나의 감사: 한경직 구술 자서전』(서울: 두란노, 2010), 306-307.

인민위원회에 행정을 이양한다고 선언했다.[3]

이런 와중에 윤하영, 한경직, 이유필 등 신의주의 기독교인들은 자신들의 역할을 모색했고, 결국 사회민주당을 창당하게 되었다. 윤하영과 한경직이 월남한 후 1945년 9월 26일에 주한 미군 사령관에게 보낸 편지에서는 사회민주당의 창당에 대해서 이렇게 기록했다.

사람들은 처음에는 놀랐으며, 다음에는 점점 이 나라의 미래에 대해서 염려하고, 걱정하기 시작했습니다. 그러므로 몇몇 지도자들이 모여서, 이 어려운 때에 사람들이 바른 원칙에 의해서 지도받아야 한다고 생각했기 때문에 사회민주당(Social Democratic Party)이라는 새로운 정당을 만들었습니다.[4]

---

3) 김성보, 『북한의 역사 1-건국과 인민민주주의의 경험 1945-1960』(서울: 역사비평사, 2011), 29. 1945년 8월 25일에 평안북도 19개 군 대표 63명이 모여 조직한 평북 자치위원회는 위원장에 이유필, 부위원장에 백영엽, 주기용, 위원에 윤하영, 한경직 등 기독교 인물들이 중심을 이뤘지만, 소련군이 개입하여 조직한 평북 임시인민위원회는 위원장 이유필은 유임되었지만, 부위원장은 기독교인 백영엽, 주기용 대신 백용구, 김휘로 바뀌었고, 신의주 자치위원회의 핵심 인물인 윤하영과 한경직은 탈락했다.

4) "Letter from Ha Young Youn to the Headquarters of Allied Forces (Sept. 26, 1945)," RG 59, Central Files, The Decimal File, 1910-1963, 740.00119, Control(Korea) Series, 1945. 10-1945. 12, Attitudes towards Occupation Forces in Korea(사료철: AUS002_24_05C0012). 윤하영과 한경직의 편지는 미 국무부 정치 고문 베닝호프(Harry M. Benninghoff)가 국무부 장관에게 보낸 보고서(740.00119 Control(Korea)/10-145. Soviet Political Activity in Northern Korea, 1 October, 1945)에 첨부되어 있었다. 이 편지의 한글 번역은 영락교회의 소식지 「만남」 통권 525호(2017.10), 22-26에 수록되어 있다.

한국 교회사에서 '기독교사회민주당'으로 알려진[5] 이 정당에 관한 내용은 소련군이 작성한 문서에도 남아 있다. 이 문서를 통해서 사회민주당의 강령과 규약도 파악할 수 있다. 1945년 12월 25일에 소련군 총정치국장 쉬킨 상장이 외무인민위원부 부위원 로좁스키에게 보낸 보고서에서는 사회민주당에 대해서 이렇게 언급하고 있다.

금년 9월에 도 중심지인 신의주에서 결성된 사회민주당은 모두 해서 부르주아 분자들 1천 명만을 당원으로 보유하고 있다. 아직 당의 공식 지도자를 선출하지 않았다. 대지주 계층과 밀접하게 연결되어 있는 김제희(Ким Цзе Хи)라는 자가 지도자직을 대행하고 있다. 이 당은 충칭(重慶)에서 수립되고 김구가 영도하는 "임시 정부"를 지지한다고 선언하고 있다. 당은 조선에 독립 민주주의 국가를 건립하는 데 찬성하며, 조선의 대내외정책에 대한 "다른 나라들의 영향력"에 반대한다. 농업 문제에서 당은 국가가 지주 들로부터 토지를 구매해서 농민들에게 분배하라고 주장하고 있 다. 밝혀진 바와 같이 이 당은 신의주에서 있었던 공산당 조직과 인민위원회에 반대한 학생들의 반동 행위에 연루되었다.[6]

---

5) 김양선, 『한국기독교해방십년사』(서울: 대한예수교장로회총회, 1956), 62; 한국기독교역사연구소 북한교회사집필위원회, 『북한교회사』(서울: 한국기독교역사연구소, 1996), 389; 한국기독교역사학회 편, 『한국기독교의 역사III』(서울: 한국기독교역사연구소, 2009), 46.

6) "1945년 12월 25일 쉬킨이 로좁스키에게 보내는 북조선 정치 정세 보고서," 이재훈 역, 『러시아문서 번역집 XXXII』(서울: 선인, 2018), 73-74.

1946년 1월 1일에 작성한 남북한 상황 보고서에서도 북한의 주요 정당을 언급하고 있는데, 그중 사회민주당에 대해서 다음과 같이 기록하고 있다.

사회민주당은 1945년 9월 신의주에서 결성되었으며, 당원이 약 1천 명을 헤아리는데 주로 부르주아 출신들이다. 당은 조선에 민주주의 독립 국가를 건설하는 것을 지지하며, 조선의 대내외 정치에 '다른 국가들의 영향력'이 미치는 것에 반대한다. 토지 문제의 경우 국가가 지주들에게 토지를 매입해서 농민들에게 분배하는 데 찬성한다. 당은 스스로를 김구의 '대한민국 임시정부' 지지자라고 천명하고 있다. 확인된 바와 같이, 당은 1945년 11월 23일 신의주에서 청년 학도들이 공산주의 단체와 인민위원회에 반대하여 진행한 반동적 연설에 연루되었다.[7]

두 보고서의 내용은 유사한데, 소련군이 사회민주당에 대해 이렇게 파악한 것은, 당의 강령과 규약을 확보하고 있었기 때문이다. 1945년 당시 북한의 정당과 사회단체에 대한 보고서를 작성한 립시츠 소좌는 '조선사회민주당'으로 부르고 있으며, 1945년 9월 3일에 창당한 이 당의 설립을 주도한 사람이 김고황(당비서, 34세)이라고 기록했다. 김고황은 서울에서 공업학교를 졸업했으며, 같은 해 8월 15일에 서울에서

---

7) "1946년 1월 1일자 남·북조선 상황 보고," 김선안 역, 『러시아문서 번역집 XXIX』(서울: 선인, 2017), 54.

신의주로 왔다. 그는 서울에서는 한경직, 신의주에서는 강덕회에게 지도를 받은 것으로 되어 있다.[8] 하지만 남한 쪽 자료에서는 김고황이라는 인물을 찾을 수 없다.

보고서에 나오는 조선사회민주당의 강령에는 계급 독재 부인, 국가가 토지 구매 후 분배,[9] 민주주의 제도(보통 선거권, 표현, 집회, 언론, 신앙의 자유 등) 지지, 초등교육 무상(無償) 실시와 중등교육 확대, 복지 확립, 충칭 대한민국 임시정부 지지, 미국과 소련이 조선의 국내외 정책에 영향을 주는 것에 관한 반대 등의 내용이 들어 있다. 당의 조직은 당주석 1명, 부주석 2명, 사무부의 부장 1명, 위원회 위원, 고문관 등으로 구성하며, 당중앙위원회가 지도하는 총무부, 조직부, 재무부, 선전부, 교양부 등 5개 부서와 당중앙위원회 소속의 입법국, 관리국, 경제국, 문화국, 통신국 등을 설치하는 것으로 되어 있다. 강령과 규약의 전문을 소개하면 다음과 같다.

---

8) "1945년 당시 북조선 정당과 사회단체들을 묘사하는 문서," ЦАМО РФ. Ф. 172, оп. 614630, д. 5. 45-51, 표도르 째르치즈스키(이휘성), 『김일성 이전의 북한-1945년 8월 9일 소련군 참전부터 10월 14일 평양 연설까지』(파주: 한울엠플러스, 2018), 71.

9) 김일석은 조선사회민주당의 토지국유화 정책에 대하여 사회주의 영향보다는 충칭 대한민국 임시정부의 한국독립당(한독당)이 강령으로 채택한 토지국유화 정책의 영향으로 본다. 한독당의 토지국유화 정책은 조소앙이 쑨원의 삼민주의 가운데 민생 부분에 해당하는 평균지권의 내용을 차용(借用)하여 강령에 채택한 것으로 파악했으며, 임시정부에서 조소앙과 함께 활동한 이유필이 조선사회민주당의 강령에 넣은 것으로 보았다. 김일석, "해방정국기 한경직의 건국신학 연구-전도 입국론을 중심으로"(장로회신학대학교 박사학위 논문, 2023), 91-95.

[조선사회민주당 강령][10]

1. 조선에서 인민의 민족적 정부가 권력을 잡았다. 일본이 우리 나라를 탄압하고 예속화한 그 검은 날들이 지나갔다. 이제 나라의 운명은 조선 사람의 것이다. 정부를 중심으로 단결 하고, 조선을 정비하는 데 기여해야 한다.[11]

   현재 자유 조선에서 모든 계급의 평등이 이루어지게 되었 다. 남자, 여자, 그리고 청년의 평등이다. 조선을 자유 독립 국가로 만들기 위해 최선을 다해야 한다. 조선 인민이 민족 정신을 복원해야 한다.

2. 우리는 조선에서 민주주의 원칙을 건설한다. 우리는 어떤 계급의 정치적 독재를 부인한다. 우리는 어떤 개인이 진행시 키는 정책을 원하지 않는다. 우리는 전체 대중 사상에 근거 한 자주적 권리를 지지한다. 우리는 김구가 설립한 임시정 부를 지지하고 인민에 근거하여 인민의 행복을 위하여 투쟁 하고, 인민의 뜻에 따라 나라의 운명을 결정하는 이 정부가 강화되는 것을 지지한다. 우리는 평등 보통 선거권, 표현의 자유, 집회의 자유, 언론의 자유 그리고 신앙의 자유를 지지 한다.

---

10) 표도르 쩨르치즈스키(이휘성), 『김일성 이전의 북한-1945년 8월 9일 소련군 참전부터 10월 14일 평양 연설까지』, 72-73.

11) 문서를 작성한 소련 장교는 "이 정당의 '정부'는 충청에 있는 김구의 임시정부라는 뜻이다." 라고 주석을 달았다.

3. 우리는 국가가 지주의 토지를 구매하여 농민들에게 분배하는 것을 통한 농민의 평등화를 지지한다.

4. 주민들의 보급을 개선하자. 보급에서 불평등을 없어지게 하자.

5. 전체 국민이 교육을 받는 것을 이루자. 초등교육은 무상으로 해야 한다. 중등교육 기관의 망(網)을 발전시키자.

6. 미국과 소련이 해방을 준 데 대하여 감사드리지만, 외국이 조선의 국내외 정책에 영향을 주는 것을 반대한다.

7. 우리는 조선 인민과 인민의 행복을 위하여 한평생을 바친 우리의 가장 훌륭한 투사들을[12] 중심으로 단결하여 이들의 영도 밑에서 자유 독립 조선을 위해 투쟁해야 한다.

상기(上記)된 것은 당원들에게 곧 법이다. 당원들은 이를 준수해야 한다.

[조선사회민주당 규약][13]

1. 본 정당은 조선사회민주당이다.

2. 당 지도부는 신의주에 위치한다.

3. 당은 독립 민주국가 건설을 자신의 목적으로 본다.

---

12) 문서를 작성한 소련 장교는 "여기에서는 김구 선생을 말한다."라고 주석을 달았다.

13) 표도르 째르치즈스키(이휘성), 『김일성 이전의 북한-1945년 8월 9일 소련군 참전부터 10월 14일 평양 연설까지』, 73-74.

4. 본 정당은 모든 당원이 당 규약에 충성하는 원칙으로 설립된다.

5. 당의 최고 지도조직은 1년에 한 번 진행하는 당대회이다. 당원의 2/3가 당대회 소집을 요구할 때 특별대회가 진행된다. 당대회는 당중앙위원회 소속으로 진행되고, 필수적으로 지방 조직에서 대표자들을 받아야 한다. 대표자 1/2이 참석한 경우에 대회는 진행된다. 대표자 1/2 미만이 참가할 시에는 대회를 진행할 수 없다. 이런 대회는 권한이 없는 것으로 본다.

6. 당에 총무부(비서국 포함), 조직부, 재무부, 선전부와 교양부를 둔다. 모든 5개의 부는 당중앙위원회가 지도한다.

7. 당중앙위원회 소속에 입법국, 관리국, 경제국, 문화국, 통신국 등을 둔다(본 제도는 토론 대상이다). 이 기관의 사업은 다음과 같이 진행된다. 비서국 소속에 간부과와 기술 비서과를 둔다. 나머지 국은 상기된 부와 함께 사업을 진행한다. 조직부는 당 조직을 설립하는 사업을 한다. 재무부는 당의 재무를 관리한다. 선전부는 선전선동 사업을 관리한다. 교양부는 학교와 교양 기관 사업을 지도한다.

8. 당의 정원은 다음과 같이 정한다. 당주석 1명, 부주석 2명, 사무부의 부장 1명, 위원회 위원 정의되지 않음.

9. 위원회 선거 및 선거 기간은 다음과 같이 채택된다. 위원회 위원은 당 대회로부터 선출된다. 주석, 부주석, 사무부 부장은 위원회 전원회의에서 선출된다. 또한 고문관 직위도 설치

되는데, 고문관은 당 전원회의로부터 선출된다. 주석은 전체 당 사업을 지도하고, 부주석들은 그를 보좌하고, '주석의 궐위 시' 그를 대리한다. 기술 비서과는 당 사무를 관리한다. 고문관은 주석과 협의한다. '임기인' 1년의 기간이 만료되면, 위원들은 사업을 잘한 경우에 다시 선출될 수 있다.

10. 당 예산은 당비와 기부로 구성된다. 입당비는 10원, 1년간의 당원비는 30원으로 한다.

11. 당원의 권리와 의무. ① 권리: 선거권과 피선거권. ② 의무: 규약을 준수하고 당비를 내는 것이다. 규약을 준수하지 않고 당비를 내지 않는 당원들은 벌을 받는다. 규약을 세부화하는 사업은 당대회에서 진행될 것이다.

주: 본 규약은 1945년 9월 3일부터 적용된다.

이와 같은 강령과 규약을 갖추고 1945년 9월 3일에 창당한 조선사회민주당은 해방 후 최초로 설립된 정당이라는 평가를 받지만,[14] 그 수명은 매우 짧았다. 윤하영, 한경직 목사는 1945년 9월 말에 월남했고, 조선사회민주당 당원들은 11월 23일에 일어난 신의주 반공 학생 시위에 참가한 후 소련 당국의 탄압을 받게 되면서 사실상 당이 해체되었다. 이유필은 월남하던 중 11월 29일에 항해도 안악군 학현(鶴峴)

---

14) 남한에서는 송진우와 김성수 등이 설립을 주도한 한국민주당(한민당)이 1945년 9월 16일에 창당되었다. "韓國民主黨 結成, 十六日, 千六百名 參集" 「매일신보」 1945년 9월 17일; "한국민주당 결성식," 「민중일보」 1945년 9월 24일.

근처에서 세상을 떠났다.[15]

조선사회민주당의 지도를 받는 청년 단체로 '우리 청년회'가 있었는데, 이 단체는 신의주 청년들을 중심으로 1945년 8월 23일에 창립되었다. 회원은 270명 정도였으며, 평균 나이는 18-20세로, 대부분 학생이었다. 회장은 김성순(金聖淳)이 맡았으며, 우리 청년회가 발행하는 문서는 소련군 경무 사령부와 공산당 조직의 통제를 받지 않아서, 서울에서 나오는 매체의 내용까지 발표할 수 있었다.[16] 우리 청년회도 11월 23일 반공 학생 시위 이후에 해산되었고, 김성순, 백유철, 황운용(黃雲龍), 조동영(趙東瀯), 백상욱(白尙旭), 이만(李萬) 등 간부진과 회원들이 체포되었고, 김성순, 황운용, 백유철은 재판 후에 시베리아로 끌려갔다.[17]

15)   이준영, "아버지(李裕弼)를 생각한다," 「북한」 통권 제2호(1972.2), 230.

16)   표도르 쩨르치즈스키(이휘성), 『김일성 이전의 북한-1945년 8월 9일 소련군 참전부터 10월 14일 평양 연설까지』, 75-76.

17)   조동영, "내가 겪은 신의주 학생 반공 의거," 「북한」 통권 제164호(1985.8), 54; 함석헌, "내가 겪은 신의주 학생 사건," 김홍수 편, 『해방 후 북한교회사』(서울: 다산글방, 1992), 380.

20

소련군이 작성한
평정서(評定書) 속의 목사들

1948년 12월 25일에 북조선 주재 소련 민정국장 N. 레베데프(H. Лeбeдeв) 명의로 작성된 조선민주주의인민공화국의 주요 요인에 대한 평정서에는 목회자 출신 인물에 관한 평정서도 있다. 대표적인 사례가 "최고인민회의 상임위원회 부위원장 홍기주 평정서", "최고인민회의 상임위원회 위원 김창준 평정서"다.

[홍기주 평정서][1]

홍기주는 1889년 부농 가정에서 출생했으며, 1914년에 사범학교를 졸업하였다. 1945년 8월 15일까지 기독교 교회 목사로 활동

---

1) "조선민주주의인민공화국 최고인민회의 상임위원회 부위원장 홍기주 평정서," 이재훈 역, 『러시아문서 번역집 XXXII』, 391-392.

하였다. 민주당원이며, 북조선민주당 중앙위원회 부위원장이다. 과거에는 당적이 없었다.

조선이 일본 제국주의로부터 해방되던 첫날부터 민주주의적 개혁의 입장을 고수함으로써 진보적인 사회활동가임을 증명하였다. 홍기주는 모스크바삼상회의의 신탁 통치 결정을 지지하기 위한 민주당 조직을 대상으로 한 투쟁을 이끈 인사들 중 한 명이었다. 조만식을 필두로 한 민주당 지도부의 반동분자들을 폭로하는 데 적극적으로 참여하였다.

조만식을 위시한 도인민위원회 구성원들이 퇴진한 이후, 평안남도 인민위원회 위원장으로 선출되었다. 도인민위원회 기구에서 반동분자들의 숙청과 민주개혁 실천 사업의 근본적인 개선을 위해 많은 사업을 수행했으며, 그 결과로 토지개혁 법령, 노동법령, 남녀평등권 법령, 단일 현물세에 관한 법령 등이 성공적으로 시행될 수 있었다.

1946년에 대표단 일원으로 소련을 방문했다. 1948년부터 북조선인민위원회 부위원장으로 복무하고 있다. 이 사업에서 상당한 실천 경험과 조직적인 숙련의 경험을 얻게 되었다. 실제 사업에서 자신의 긍정적인 면들을 보여 주었다. 북조선에서 수행된 민주개혁을 전적으로 지지하고 있다. 민주당과 중소 부르주아들로부터 권위를 인정받고 있다. 최초로 소집된 조선최고인민회의 제1차 회의에서 조선최고인민회의 상임위원회 부위원장으로 선출되었다. 진보적인 정치가다. 미국의 조선에 대한 식민주의 정책에 적극 반대하고 있으며, 조선 문제에 관한 소련의 정치 노선을 지지 찬동하고 있다.

홍기주(洪箕疇, 1889(1896)-1960)는 평안남도 진남포부 신흥리(新興里) 출신으로 평정서에서는 1889년생으로 기록되어 있지만, 1935년『기독교조선감리회 동부·중부·서부 연회록』에는 1896년생으로 되어 있다.[2] 그는 1914년에 사범학교를 졸업하고 1915년 5월에 평안남도청이 실시한 사립학교 교원 시험에 합격했다.[3] 그는 첫 교사 생활을 평원군 자덕면(自德面)에 있는 진광소학교(眞光小學校)에서 시작한 것으로 보인다. 자덕면 간리 출신으로 진광소학교를 다녔던 한경직 목사의 증언 가운데 그에 관한 내용이 이렇게 등장한다. "홍기주 씨는 내가 소학교에서 배운 선생이에요. 그 후에 감리교 목사가 되었지요. 그런데 해방 후에는 내가 한 번도 못 만났어요. 그분이 조만식 선생 아래 있다가 변절을 해 가지고 공산당 측으로 넘어갔다는 얘기만 들었어요." [4]

홍기주는 해방 전 평원군, 정주군, 진남포 등에서 교육 및 언론계, 감리교회, 청년회 활동을 활발히 하면서, 민립대학 설립, 물산장려운동, 신간회 설립 등에 참여했다.[5] 그는 1921년 9월에 열린 미국 감리

2) "서부연회 회원 명록,"『기독교조선감리회 제5회 동부·중부·서부연회 회록』(1935), 35.

3) "地方通信-私校敎員合格(平壤)," 「매일신보」 1915년 7월 9일.

4) "원로와의 대담/한경직 목사를 만남(대담·이만열)," 155.

5) "자덕구락부 총회," 「동아일보」 1920년 8월 21일; "진남포 엡웟 청년회의 월례회," 「조선일보」 1921년 3월 12일; "민대 발기인," 「조선일보」 1923년 2월 24일; "물산장려창립총회," 「조선일보」 1923년 3월 20일; "군용을 □제한 조선의 필진, 억압된 언론계에 활약의 제일보-개막된 조선기자대회," 「동아일보」 1925년 4월 15일; "진남포 시민운동," 「조선일보」 1926년 4월 19일; "신간남포지회," 「조선일보」 1929년 2월 2일.

회 조선연회 평남지방회에서 신흥리 감리교회의 전도사로 파송을 받아 활동했다.[6] 1930년 3월에는 평안북도 평의원(評議員)으로 당선되었으며,[7] 신간회 진남포 지회장을 지낸 후 1933년에 평양으로 거주지를 옮겨서 신리(新里)감리교회에 사역했다.[8] 1935년에 조선감리회 서부연회의 준회원이 되어 신리교회에서 계속 목회했으며,[9] 1937년에 평양 창광산교회(蒼光山敎會)의 담임자로 임명되었다.[10] 1939년 5월에는 목사 안수를 받고 연회 정회원이 되었으며, 계속 창광산교회를 담임하다가[11] 1940년부터는 황해도 서흥군 서흥읍에 있는 신막교회(新幕敎會)를 담임했다.[12]

해방 후 1945년 11월 3일 조선민주당 창당에 참여했는데, 1946년 2월에 열린 조선민주당 열성자대회(혁신대회)에서 조만식 등 우파 세력을 축출하고 강양욱, 최용건 등을 당 지도부로 교체하는 데 앞장선 것으로 보인다. 평정서에서 "조만식을 필두로 한 민주당 지도부의 반동분자들을 폭로하는 데 적극적으로 참여했다."라는 내용이 눈길을 끈다. 그는 1946년 1월에 북조선임시인민위원회에 참여해 평안남도인민위원회 위원장을 맡았으며, 11월에 선거를 통해 위원장으로 재선출

---

6) "평남지방회," 「기독신보」 1921년 10월 12일.
7) "당선 사례," 「동아일보」 1930년 3월 30일.
8) "홍기주 씨 송별회," 「조선중앙일보」 1933년 6월 20일.
9) 『기독교조선감리회 제5회 동부·중부·서부연회 회록』(1935), 35, 39.
10) 『기독교조선감리회 서부연회 제6회 회록』(1937), 27.
11) 『기독교조선감리회 제7회 동부·중부·서부연회 회록』(1939), 34, 79, 94, 96.
12) 『기독교조선감리회 제8회 동부·중부·서부연회 회록』(1941), 42.

되었다.[13] 같은 해 11월 28일에 강양욱을 중심으로 창립한 북조선기독교도연맹에 김응순(金應珣), 박상순(朴尙純), 곽희정(郭熙貞) 목사 등과 함께 참여했다.[14] 1947년에는 북조선인민위원회 부위원장이 되었으며, 같은 해 11월에 조선임시헌법 제정위원에 임명되었다.[15] 1948년 8월에 북한 최고인민회의 제1기 대의원으로 선출되었고, 북한 정권 수립 후 최고인민회의의 상임위원회 부위원장을 지냈다. 1953년 12월부터 1957년 7월까지 북한 내각의 제3대 법무상을 역임했지만, 1960년에 숙청된 것으로 알려졌다.

[김창준 평정서][16]

1890년 서울에서 출생하였다. 미국에서 고등교육을 받았고, 그 후 조선으로 돌아왔다. 중학교 교장으로 4년간 근무하였다. 1919년 삼일운동에 참가했으며, 이 때문에 3년 이상 수형 생활을 하였다. 감옥에서 석방된 후 목사로 일했으며, 1925년에 다시 미국

---

13) "各道·平壤特別市人民委員會委員長·副委員長·書記長 任命·承認에 對한 決定書,"「법령공보」 제9호 (1946년 12월 5일), 1.

14) 사와 마사히코, "해방 이후 북한 지역의 정치적 성격," 김흥수 편, 『해방 후 북한 교회사』, 32; 변진홍, "북한 '침묵의 교회'와 공산주의-북한의 소비에트화 시기(1945.8-1950.6)를 중심으로," 위의 책, 94. 북조선기독교도연맹 창립대회에서 중앙위원으로 선출된 15명은 강양욱, 김치근, 배덕영, 박건수, 박성채, 박상순, 조희렴, 김응순, 김태은, 강석록, 변봉조, 김은석, 최수걸, 나시산, 이피득 등으로 홍기주는 포함되지 않았다. 한국기독교역사연구소 북한교회사집필위원회, 『북한교회사』, 397.

15) "決定書,"「법령공보」 제38호(1947년 12월 22일), 2-3.

16) "조선민주주의인민공화국 최고인민회의 상임위원회 위원 김창준 평정서," 이재훈 역, 『러시아문서 번역집 XXXII』, 412.

으로 떠나 그곳 신학교에서 공부하였다. 귀국 후 서울중앙교회 목사를 역임하였다.

1942년에 일본의 지배와 황국신민화에 반대하는 활동을 하였다. 일제의 탄압을 피해 만주로 떠나 그곳에서 청년교육에 종사하였다. 조선이 해방된 후 서울로 돌아와서 기독교민주연맹을 조직하고, 그 위원장이 되었다. 동시에 민주주의민족전선 부위원장으로 복무하였다. 북조선에서 실시된 민주개혁을 찬동하며 지지한다. 민주주의민족전선에 적극 참여하고, 좌익 정당들과 협력하고 있다. 소련의 대조선 정책에 호의적인 태도를 보이고 있다.

평정서에서는 김창준(金昌俊, 1890-1959)이 서울에서 출생했다고 했지만, 그는 1890년 5월 3일에 평안남도 강서군 증산면에서 태어났다. 어린 시절부터 해방 후 북한으로 가기까지의 이력을 살펴보면 다음 표와 같다.

<h3>김창준의 이력[17]</h3>

시기	내용
1890년 5월 3일	평안남도 강서군 증산면 출생
1906년 12월	평안남도 강서군 반석면 야소교 소학교 졸업
1908년	평안남도 강서군 반석면 일상리교회에서 무어(John Z. Moore, 문요한) 선교사에게 세례받음
1910년 6월	숭실중학교 졸업(제7회)
1914년 5월	숭실대학 졸업(제5회)
1915-1916년 9월	일본 도쿄의 아오야마(靑山)학원 신학부에서 공부
1917년 3월	감리교 협성신학교 졸업(제5회)
1917년 6월	중앙교회(현 서울중앙감리교회) 전도사 파송
1918년 6월	미감리회 조선연회에서 1년급 학습반에 선임
1919년 3월 1일	3·1 운동 민족 대표로 참가
1920년 10월	서대문형무소 수감(2년 6개월 형 선고)
1921년 12월	형무소 출옥
1922년 10월 1일	미감리회 조선연회에서 집사목사 안수
1924년 5월	미국 유학 및 시카고 한인감리교회 목회

---

17) 『기독교미감리회 조선연회 회록(제10회)』(1917); 『기독교미감리회 조선연회 회록(제11회)』(1918); 『예수교미감리회 조선연회록(제15회)』(1922); 김홍수, "북으로 간 3·1운동 민족 대표 김창준 목사," 한국기독교역사연구소 편, 『3·1운동과 기독교 민족 대표 16인』(서울: 한국기독교역사연구소, 2019), 541; 숭실대학교 한국기독교박물관 편, 『평양숭실대학 역사자료집 VI: 숭실교우회 회원 명부』, 127, 137; 유영렬, 『민족·민주화운동과 숭실대학』(서울: 숭실대학교 출판부, 2005), 48-67.

1926년	게렛신학교에서 신학사, 노스웨스턴대학에서 문학석사 학위 취득
1926년 12월	귀국
1927년	서울중앙감리교회 목회
1928년 1월	중국 상하이에서 열린 감리교 동아시아 중앙총의회 참석
1932년 10월	서울중앙감리교회에서 교역 15주년 기념식
1933년 4월	감리교신학교 전임교수로 파송
1935년	만주선교연회에서 신경교회로 파송
1937년 5월	제6회 동부연회에서 돈암구역의 제16대 담임 목사로 파송
1940년	아들 바울(보라) 사망, 감리교신학교 무기한 휴교
1945년 8월	만주에서 귀국하여 경기도 양주군 구리면 수택리 466번지 거주
1946년 1월	국제교화협회 창립
1947년 1월 29일	민주주의민족전선(民戰) 확대중앙위원회에 참여
1947년 2월 24일	기독교민주동맹 창립, 초대 위원장 선출
1947년 6월	미소 공동위원회 합동회의에 기독교민주동맹 대표로 참석
1948년 4월	평양에서 열린 전조선 정당 사회단체 연석회의 참석 후 북한 잔류
1948년 9월	조선 최고인민회의 제1차 회의에 헌법위원회 위원으로 참석, 최고인민회의 상임위원회 위원으로 선출

김창준은 왜 평양에서 열린 전조선 정당 사회단체 연석회의에 참석했다가 북한에 남았을까? 그가 1947년 1월 29일에 좌파 계열의 연합단체인 민주주의민족전선(民戰) 확대중앙위원회에 참여해, "나는 기독교인이다. 8·15 이후 국제교화협회라는 것을 만들어 가지고 좌우 합

작에 노력했으나 덮어놓고 좌우 합작이라는 것은, 있을 수 없다는 것을 깨달았다. 그러던 중 10월 인민 항쟁을 보았다. 여기서 경제적 공평이 없는 곳에 정치적 평등과 세계평화는 없다는 것을 깨달았다."[18] 라고 말한 것에서 이유를 찾을 수 있지 않을까? 유영렬은 김창준의 이런 발언을 기독교사회주의에서 인민민주주의로 나아간 것으로 보고, 김창준이 인민민주주의를 통일 조국 건설의 이념으로 확신했다고 평가했다.[19]

물론 1930년대에 마르크스주의를 비판했던 김창준이 북한에 남은 것은 이해하기 어려운 측면도 있다. 그런 의미에서 김창준이 북한에 남은 것을 그의 생애 마지막 실험으로 볼 수도 있다. 그는 1946년 이후에 공산주의자들과 제휴한 것을 후회하지 않았는데, 이런 신념은 그의 수기에서 남긴 말 속에서 찾아볼 수 있다. "나는 해가 바뀌고 나이가 더해가며 생각이 깊어질수록 공산주의자들과 손을 잡은 것이 얼마나 천만다행한 일이었는가 하는 것을 더욱더 가슴 뜨겁게 느끼게 된다", "우리가 북반부 공산주의자들과 더불어 살며 련합할 수 있은 것은, 공산주의자들에 대한 왜곡된 기성관념에서 벗어나 민족 본연의 량심으로 그들을 보고 리해하게 된 데서 비롯되고 있다."[20]

---

18) "民戰路線은 正當, 基督教 金昌俊 牧師談," 「독립신보」 1947년 1월 30일.

19) 유영렬, "기독교 민족사회주의자 김창준에 대한 고찰-『김창준 회고록을 중심으로』," 「한국독립운동사연구」 제25집(2005), 23.

20) 김흥수, "북으로 간 3·1 운동 민족 대표 김창준 목사," 한국기독교역사연구소 편, 『3·1 운동과 기독교 민족 대표 16인』, 539.

참고문헌

1. 단행본

- 강규찬, 김선두, 변인서/이교남 역. 『평양노회 지경 각 교회사기』. 서울: 한국 기독교사연구소, 2013.
- 곽안련. 『장로교회사전휘집(長老教會史典彙集)』. 경성: 조선예수교서회, 1918.
- 국가보훈처. 『독립유공자 공훈록 제21권』. 세종: 국가보훈처, 2014.
- _____ . 『독립유공자 공훈록 제25권』. 세종: 국가보훈처, 2020.
- 기독교대한감리회 강릉중앙교회 역사편찬위원회 편. 『강릉중앙교회 팔십년 사』. 강릉: 기독교대한감리회 강릉중앙교회, 1982.
- 김선안 역. 『러시아문서 번역집 XXIX』. 서울: 선인, 2017.
- 김성보. 『북한의 역사 1-건국과 인민민주주의의 경험 1945-1960』. 서울: 역사 비평사, 2011.
- 김양선. 『韓國基督教解放十年史』. 서울: 대한예수교장로회총회, 1956.
- 김용진 역. 『윌리엄 베어드의 선교 리포트 I』. 서울: 숭실대학교 한국기독교 박물관, 2016.
- _____ . 『윌리엄 베어드 편지 II(1898-1916)』. 서울: 숭실대학교 한국기독교박 물관, 2021.
- 김일환. 『길진형의 생애와 독립운동』. 서울: 북랩, 2026.
- 내한선교사사전 편찬위원회 편. 『내한선교사사전』. 서울: 한국기독교역사연구 소, 2024.
- 다니엘 기포드/심현녀 역. 『조선의 풍속과 선교』. 서울: 한국기독교역사연구 소, 1995.
- 대구시사편찬위원회 편. 『대구시사 제1권』. 대구: 대구광역시, 1995.

- 대한예수교장로회총회역사위원회 편. 『대한예수교장로교회사(상)』. 서울: 한국장로교출판사, 2003.
- 독립유공자 공훈록 편찬위원회. 『독립유공자 공훈록 제8권』. 서울: 국가보훈처, 1990.
- 리재현. 『조선력대미술가편람(증보판)』. 평양: 문학예술종합출판사, 1999.
- 박용규. 『강규찬과 평양 산정현교회』. 서울: 한국기독교사연구소, 2011.
- _____ . 『한국기독교회사 2』. 서울: 생명의말씀사, 2004.
- 박형우 편역. 『호러스 N. 알렌 자료집 VI. 1897-1901』. 서울: 선인, 2025.
- _____ . 『안나 P. 제이콥슨 자료집 1866-1897』. 서울: 선인, 2022.
- _____ . 『올리버 R. 에비슨 자료집 V. 1902-1904』. 서울: 선인, 2022.
- _____ . 『올리버 R. 에비슨 자료집 III, 1895-1898』. 서울: 선인, 2020.
- _____ . 『존 W. 헤론 자료집 II 1887-1890』. 서울: 선인, 2017.
- _____ . 『에스터 L. 쉴즈 자료집 I(1868-1911)』. 서울: 연세대학교 대학출판문화원, 2016.
- 북한기독교역사사전 편찬위원회 편, 『북한기독교역사사전 I』. 서울: 한국기독교역사연구소, 2025.
- 서우드 홀/김동열 역. 『닥터 홀의 조선회상』. 서울: 좋은 씨앗, 2003.
- 숭실대학교 한국기독교박물관 편. 『평양숭실대학 역사자료집 VI: 숭실교우회 회원 명부』. 서울: 숭실대학교 한국기독교박물관, 2017.
- 신복룡 역. 『한말 외국인 기록 04: 조선견문기/전환기의 조선/한국 독립운동의 진상 (개정판)』. 서울: 집문당, 2019.
- 안동교회 역사편찬위원회. 『안동교회 90년사』. 서울: 대한예수교장로회 안동교회, 2001.
- 안종철. 『미국 선교사와 한미관계, 1931-1948: 교육 철수, 전시협력 그리고 미군정』. 서울: 한국기독교역사연구소, 2010.
- 앨리스 R. 아펜젤러/허경진, 허혜란, 이희락 역. 『앨리스 아펜젤러 교장의 선교 편지』. 파주: 보고사, 2025.
- 양명득 편저. 『호주 선교사 겔슨 엥겔』. 고양: 나눔사, 2023.
- 양전백, 함태영, 김영훈/이교남 역/박용규 편. 『조선예수교장로회사기(하)』. 서울: 한국기독교사연구소, 2017.
- 연동교회 편. 『蓮洞敎會洗禮敎人名簿: 1896-1911』. 서울: 연동교회, 2001.

- 옥성득 편역. 『마포삼열 서한집 제1권』. 서울: 두란노 아카데미, 2011.
- _____ . 『마포삼열 자료집 2』. 서울: 새물결플러스, 2017.
- _____ . 『마포삼열 자료집 3』. 서울: 새물결플러스, 2017.
- 올리버 R. 에비슨/황유수 역/장의식 편. 『고종의 서양인 전의 에비슨 박사의 눈에 비친 구한말 40여 년의 풍경』. 경산: 대구대학교 출판부, 2006.
- 유영렬. 『민족·민주화운동과 숭실대학』. 서울: 숭실대학교 출판부, 2005.
- 유진 벨/고영자, 이은상 역. 『유진 벨 선교 편지(1895-1897)』. 파주: 보고사, 2022.
- 윤경로. 『105인 사건과 신민회 연구(개정 증보판)』. 서울: 한성대학교출판부, 2012.
- _____ . 『새문안교회 100년사(1887-1987)』. 서울: 새문안교회 창립 100주년 기념사업회 역사편찬위원회, 1995.
- 이덕주. 『영의 사람 로버트 하디』. 서울: 신앙과지성사, 2021.
- _____ . 『한국 토착교회 형성사 연구』. 서울: 한국기독교역사연구소, 2001.
- 이만열, 옥성득 편역. 『언더우드 자료집 I』. 서울: 연세대학교 출판부, 2005.
- _____ . 『언더우드 자료집 II』. 서울: 연세대학교 출판부, 2006.
- 이상규 역. 『숭실 설립자 윌리엄 베어드의 선교 일기』. 서울: 숭실대학교 한국기독교박물관, 2013.
- 이재훈 역. 『러시아문서 번역집 XXXII』. 서울: 선인, 2018.
- 임병규 편역/대구제일교회 편찬. 『대구제일교회 당회록』. 서울: 한국장로교출판사, 2023.
- 정두성. 『교리교육의 역사』. 서울: 세움북스, 2016.
- 정병호 역. 『국역 대구부읍지(國譯 大邱府邑誌)』. 대구: 대구광역시 문화예술정책과, 2021.
- 차재명. 『조선예수교장로회사기(상)』. 경성: 조선기독교창문사, 1928.
- 채승희 역/대구제일교회 편찬. 『안의와 선교사 자료집』. 서울: 기독교문서선교회, 2024.
- 최병윤 편. 『조선예수교장로회 경상도노회 회록(1911-1916)』. 부산: 부산 경남 기독교 역사연구회, 2009.
- 평북노회사편찬위원회 편. 『평북노회사: 1912-1996』. 서울: 대한예수교장로회 평북노회, 1996.
- 표도르 째르치즈스키(이휘성). 『김일성 이전의 북한-1945년 8월 9일 소련군 참

전부터 10월 14일 평양 연설까지』. 파주: 한울엠플러스, 2018.
- 프리실라 웰본 에비/강현희, 김현수 역/김현수 편. 『한국 선교사역의 확장기, 1906-1909』. 콜로라도 스프링스: 에스더재단, 2020.
- 프리실라 웰본 에비/문선희, 강현희, 김현수 역/김현수 편. 『아서 한국에 가다: 아서 웰본의 초기 삶과 내한 초창기 선교사역, 1900-1902』. 콜로라도 스프링스: 에스더재단, 2010.
- 한경직. 『나의 감사: 한경직 구술 자서전』. 서울: 두란노, 2010.
- 한국교회사연구소. 『한국천주교회사 4』. 서울: 한국교회사연구소, 2011.
- 한국기독교역사연구소 북한교회사집필위원회. 『북한교회사』. 서울: 한국기독교역사연구소, 1996.
- 한국기독교역사학회 편. 『한국기독교의 역사 III』. 서울: 한국기독교역사연구소, 2009.
- J. A. 하지/배광식, 정준모, 정홍주 역. 『교회정치문답조례』. 서울: 대한예수교장로회총회, 2011.
- Stokes, Charles D./장지철, 김홍수 역. 『미국 감리교회의 한국선교 역사, 1885-1930』. 서울: 한국기독교역사연구소, 2010.

2. 논문·기고문

- 권두연. "청년학우회의 활동과 참여 인물." 「현대문학의 연구」 48(2012).
- 기의남. "론설, 식전 파수를 설립함." 「그리스도인회보」 제1권 3호(1905.2.2.).
- 길진섭. "미운 故鄕." 「문장」 3권 4호(1941.4).
- _____ . "여로추억, 구미산장의 달." 「여성」 4권 9호(1939.9).
- _____ . "不孝自叙, 나는 불효다." 「여성」 4권 7호(1939.7).
- 김복진. "第四回 美展 印象記." 「조선일보」 1925년 6월 3일.
- 김복진. "協展五回評." 「조선일보」 1925년 3월 30일.
- 김소연. "1920년대 미술교육과 근대화단의 재편." 「한국근현대미술사학」 38(2019).
- 김용준. "白蠻洋畵會를 맨들고." 「동아일보」 1930년 12월 23일.
- 김일석. "해방정국기 한경직의 건국신학 연구-전도 입국론을 중심으로." 장로

회신학대학교 박사학위 논문, 2023.

- 김일환. "길선주 목사와 아들 길진형, 길진경의 독립운동 연구: 삼부자(三父子)의 독립운동." 「시민문화 춘추」 37(2024. 봄).
- 김자중. "갑오개혁기-병합 초기(1910년대) 사립법률학교에 관한 연구." 「교육문제연구」 통권 제70집(2019.2).
- 김현숙. "대한제국기 궁내부 고문관 샌즈(W. F. Sands)의 개혁론과 중립화안의 성격." 「역사와 담론」 제51집(2008.12).
- 김흥수. "북으로 간 3·1 운동 민족 대표 김창준 목사." 한국기독교역사연구소 편. 『3·1 운동과 기독교 민족 대표 16인』. 서울: 한국기독교역사연구소, 2019.
- 류동연. "한국광복군 인면전구공작대의 파견 배경과 성격." 「한국근현대사연구」 제95집 (2020.12).
- _____ . "자료 소개-R. C. Bacon 유족 제공 자료를 통해 본 인면전구공작대." 「한국근현대사연구」 제94집(2020.9).
- 박민영. "한국광복군 印緬戰區工作隊 연구." 「한국독립운동사연구」 제33집 (2009.8).
- 박성진. "구한말(舊韓末) 고문관(顧問官) 샌즈(William F. Sands: 山島)에 관한 연구." 「정치논총」 34(1999).
- 백낙준. "創立 背景과 初期史略." 신성학교 동창회 편. 『信聖學校史』. 서울: 신성학교동창회, 1980.
- 변진홍. "북한 '침묵의 교회'와 공산주의-북한의 소비에트화 시기(1945.8-1950.6)를 중심으로." 김흥수 편. 『해방 후 북한 교회사』. 서울: 다산글방, 1992.
- 사와 마사히코. "해방 이후 북한 지역의 정치적 성격." 김흥수 편. 『해방 후 북한 교회사』. 서울: 다산글방, 1992.
- 서광호. "강원도, 강능읍." 「그리스도신문」 1908년 12월 15일.
- 신혜리. "華岩 吉鎭燮(1907-1975)의 作品世界 研究." 이화여자대학교 석사학위논문, 2024.
- 안준. "선천학교형편." 「그리스도신문」 1906년 8월 23일.
- _____ . "션천리신." 「그리스도신문」 1906년 8월 16일.
- 양인성. "1891년 대구 로베르 신부 사건 연구." 「교회사 연구」 제44집(2014).
- 옥성득. "평양 기독교 역사 09-장로교회 분쟁: 김선두, 길선주, 변인서 목사 배척 사건, 1923-1934." 「기독교사상」 통권730호(2019.10).

- _____ . "무어의 복음주의 선교 신학: 불상 파괴 사건과 황제 알현 요청 서신 사건을 중심으로." 「한국기독교와 역사」 제19호(2003.8).
- 유영렬. "기독교 민족사회주의자 김창준에 대한 고찰-『김창준 회고록을 중심 으로』." 「한국독립운동사연구」 제25집(2005).
- 윤성근. "령동 소식." 「대한크리스도인회보」 1900년 7월 11일.
- 이덕주. "평양 숭실에 나타난 'union' 정신과 그 역사적 의미-평양 숭실의 '연 합중학교' 및 '연합대학' 시절을 중심으로." 「한국기독문화연구」 제7집(2015.2).
- 이만열 대담. "원로와의 대담/한경직 목사를 만남." 「한국기독교와 역사」 창간 호(1991.7).
- 이수삼. "동물 진화의 개의(概意)." 「보중친목회보」 제1호(1910.6.10.).
- _____ . "박테리아를 박멸하는 백혈구." 「보중친목회보」 제1호(1910.6.10.).
- _____ . "X 광선." 「보중친목회보」 제2호(1910.12.31.).
- _____ . "물질적 욕망 여(與) 이상적 욕망." 「보중친목회보」 제2호(1910.12.31.).
- 이준영. "아버지(李裕弼)를 생각한다." 「북한」 통권 제2호(1972.2).
- 이천열. "40년 만에 햇빛 본 독립 투사 김두화 선생." 「서울신문」 2006년 8월 14일.
- 정현웅. "목시회 전평(중)." 「조선일보」 1937년 6월 15일.
- 조동영. "내가 겪은 신의주 학생 반공 의거." 「북한」 통권 제164호(1985.8).
- 조윤정. "『보중친목회보(普中親睦會報)』에 담긴 교육입국의 꿈." 「근대서지」 제18 호(2018).
- 채승희. "대구제일교회 당회록: 그 의미와 대·경 지역 교회 역사 세우기." 「신학 과 목회」 제63집(2025).
- 함석헌. "내가 겪은 신의주 학생 사건." 김흥수 편, 『해방 후 북한교회사』. 서 울: 다산글방, 1992.

3. 신문·관보·회의록 등

1) 신문, 회보
- 「경향신문」 1946년 11월 16일, 1949년 2월 9일.
- 「공립신보」 1907년 11월 1일, 1908년 11월 18일.
- 「관보」 1105호(광무 2년(1898) 11월 14일), 제1228호(1899년 4월 6일).

- 「그리스도신문」 1897년 12월 2일, 1898년 4월 21일, 11월 3일, 1902년 2월 27일, 1907년 1월 31일, 2월 28일.
- 「그리스도회보」 1912년 12월 30일.
- 「기독신보」 1921년 11월 2일, 9일, 1922년 11월 15일.
- 「길진형 신문(訊問)조서(제1회)」(1912년 2월 14일).
- 「대한매일신보」 1908년 4월 29일, 9월 30일, 11월 8일, 1909년 8월 17일, 25일, 10월 27일, 1910년 4월 2일.
- 「독립신문」 1898년 11월 11일, 12일, 1899년 5월 30일.
- 「독립신보」 1947년 1월 30일.
- 「동아일보」 1920년 8월 21일, 1921년 10월 24일, 1924년 11월 2일, 1925년 3월 13일, 4월 1일, 15일, 26일, 11월 18일, 1926년 11월 19일, 1927년 2월 2일, 5월 3일, 1928년 2월 4일, 5월 6일, 1929년 1월 28일, 8월 14일, 1930년 3월 30일, 12월 23일, 1931년 3월 20일, 1932년 2월 6일, 4월 10일, 10월 10일, 1934년 5월 16일, 1936년 1월 1일, 1948년 4월 24일, 1967년 10월 13일.
- 「만남」 통권 525호.(2017.10).
- 「매일신보」 1915년 7월 9일, 1926년 8월 10일, 8월 12일, 1945년 8월 24일, 9월 17일.
- 「문화일보」 1947년 6월 21일.
- 「민중일보」 1945년 9월 24일.
- 「법령공보」 제9호.(1946년 12월 5일), 제38호.(1947년 12월 22일).
- 「보중친목회보」 제1호.(1910.6.10.), 제2호.(1910.12.31.).
- 「신한민보」 1914년 8월 6일, 9월 3일, 1918년 1월 3일, 1919년 4월 15일, 19일.
- 「예수교회보」 1913년 4월 8일, 15일.
- 「조선그리스도인회보」 1/1(1897년 2월 2일).
- 「조선일보」 1921년 3월 12일, 1923년 2월 24일, 3월 20일, 1925년 4월 26일, 28일, 29일, 5월 29일, 1926년 4월 19일, 1927년 2월 1일, 8월 27일, 1929년 2월 2일, 22일, 1930년 3월 31일, 4월 25일, 8월 1일, 9월 10일, 23일, 1933년 5월 19일, 27일, 9월 5일, 10월 20일, 11월 14일, 1934년 5월 8일, 1939년 5월 13일, 1945년 11월 23일, 1946년 1월 26일.
- 「조선중앙일보」 1933년 6월 20일.
- 「조선총독부관보」 제1032호(1915년 1월 15일), 제778호(1915년 3월 10일), 제430호(1928년 6월 6일), 제1376호(1931년 8월 6일), 제1414호(1931년 9월 19일), 제2774호

(1936년 4월 15일), 제2815호(1936년 6월 3일), 제3855호(1939년 11월 25일).
- 「황성신문」 1899년 12월 8일, 18일, 1906년 8월 16일, 17일, 12월 5일, 1910년 4월 3일, 8일.

2) 『조선왕조실록』, 『승정원일기』 등

- 『舊韓國外交文書』 11, 美案 2, 고종 35년(1898) 11월 7일.
- 『고종실록』 고종 37(1900)년 1월 15일, 2월 24일, 12월 28일, 고종 39(1902)년 4월 27일.
- 『승정원일기』 고종 8(1871)년 10월 7일, 11월 1일, 고종 13(1876)년 4월 6일, 고종 20(1883)년 2월 18일, 고종 21(1884)년 7월 4일, 고종 24(1887)년 3월 6일, 11월 23일, 고종 27(1890)년 1월 29일, 10월 29일, 고종 30(1893)년 8월 30일, 고종 31(1894)년 6월 23일, 25일, 7월 18일, 고종 32(1895)년 1월 14일, 4월 29일, 5월 5일, 고종 33(1896)년 1월 11일, 2월 14일, 고종 34(1897)년 3월 30일, 8월 2일, 고종 35(1898)년 2월 20일, 3월 26일(음 3월 5일), 11월 29일(음 10월 16일), 고종 36년(1899) 3월 24일(음 2월 13일), 고종 38(1901)년 3월 14일, 4월 14일, 고종 39(1902)년 7월 22일, 12월 24일, 순종 1(1907)년 12월 14일, 순종 4(1910)년 7월 23일.

3) 회의록

- 『기독교미감리회 조선연회 회록(제10회)』(1917).
- 『기독교미감리회 조선연회 회록(제11회)』(1918).
- 『기독교미감리회 조선연회 회록(제13회)』(1920).
- 『예수교미감리회 조선연회록(제15회)』(1922).
- 『예수교미감리회 조선연회록(제18회)』(1925).
- 『예수교미감리 조선연회록(제19회)』(1926).
- 『조선기독교 미감리교회 연회록(제20회)』(1927).
- 『조선기독교 미감리교회 연회록(제21회)』(1928).
- 『조선기독교 미감리교회 연회 회록(제22회)』(1929).
- 『기독교조선감리회 동부·중부·서부 제1회 연합연회 회록』(1931).
- 『기독교조선감리회 제5회 동부·중부·서부연회 회록』(1935).
- 『기독교조선감리회 서부연회 제6회 회록』(1937).
- 『기독교조선감리회 제7회 동부·중부·서부연회 회록』(1939).

- 『기독교조선감리회 제8회 동부·중부·서부연회 회록』(1941).
- 『대한국 예수교장로회 노회 회록』(1907).
- 『예수교장로회 대한노회 제2회 회록』(1908).
- 『예수교장로회 대한노회 제3회 회록』(1909).
- 『예수교장로회 조선국 노회 제4회 회록』(1910).
- 『조선예수교장로회총회 제8회 회록』(1919).
- 『조선예수교장로회총회 제9회 회록』(1920).
- 『조선예수교장로회총회 제10회 회록』(1921).
- 『조선예수교장로회총회 제11회 회록』(1922).
- 『조선예수교장로회총회 제12회 회록』(1923).

4) 교회법

- 기독교대한성결교회. 『헌법』. 서울: 기독교대한성결교회 출판부, 2025.
- 『기독교조선성결교회 헌법』. 발행지, 발행처 불명, 1945.
- 『기독교조선감리회 교리와 장정』. 경성: 기독교조선감리회 총리원 교육국, 1931.
- 대한예수교장로회 고신총회 헌법개정위원회 편. 『헌법』. 서울: 대한예수교장로회 고신총회출판국, 2021.
- 대한예수교장로회총회. 『헌법 개정판(103회기)』. 서울: 대한예수교장로회총회, 2020.
- 『미감리교회 교의와 됴례』. 경성: 조선예수교서회, 1921.
- 『미감리교 법전(美監理敎會 法典)』. 경성: 기이부(奇怡富) 발행, 기독교창문사 인쇄, 1926.
- 장정개정위원회 편. 『기독교대한감리회 교리와 장정(2019년)』. 서울: 도서출판 kmc, 2020.

4. 영문 자료

- Allen, Horace N. Letter to Samuel F. Moore(Dec. 26, 1899).
- _____. Letter to Samuel F. Moore(Mar. 13, 1900).
- _____. Dispatch to the Secretary of the Presbyterian Mission, Seoul,

No. 226 Misc(Mar. 15, 1900).

- _____. Letter to Frank F. Ellinwood(Mar. 15, 1900).

- _____. Letter to Frank F. Ellinwood(Mar. 18, 1900).

- _____. Letter to James S. Gale(Aug. 17, 1900).

- _____. Letter to James S. Gale(Sept. 5, 1900).

- _____. *Things Korean: A Collection of Sketches and Anecdotes Missionary and Diplomatic,* New York: Fleming H. Revell Co., 1908.

- *Annual Report of Pyeng Yang Station Korea Mission for the Year 1897-1898.*

- Avison, Oliver R. "Next to Godliness." *The Korea Field* 4 (Aug. 1902).

- Blair, William N. "Some Results of the Forward Movement Campaign of the Korean Presbyterian Church." *KMF*(Dec. 1922).

- _____. "Presbyterian Forward Movement in Korea." *KMF*(Jan. 1920).

- Chester, Samuel H. *Lights and shadows of mission work in the Far East: being the record of observations made during a visit to the Southern Presbyterian missions in Japan, China, and Korea in the year 1897.* Richmond, VA: Presbyterian Committee of Publication, 1899.

- Cram, W. G. "North Ward Circuit, Songdo." *Report of the Ninth Annual Meeting of the Korea Mission of the Methodist Episcopal Church, South,* 1905.

- Ellinwood, Frank F. Letter to Samuel F. Moore(May. 4, 1901).

- Gale, James S. Norman C. Whittemore, William M. Baird, Letter to Frank F. Ellinwood(Sept. 22, 1900).

- _____. Letter to Horace N. Allen(Sept. 24, 1900).

- Hodge, John A. *What is Presbyterian Law as Defined by the Church Courts?.* Philadelphia: Presbyterian Board of Publication, 1886.

- Lacy, John Veere. "The Korea Sunday School Association." *KMF*(Dec. 1922).

- Letters of Mrs. W. L. Swallen, Missionary to Korea from 1892 to 1941.

- *Minutes and Reports of the Twenty-Fifth Annual Meeting of the Korea Mission of the Presbyterian Church in the U.S.A.* (Aug. 24-Sept. 1, 1909).

- *Minutes of the Fifteenth Annual Meeting of the Council of Presbyterian Missions in Korea and The First Annual Meeting of the Presbytery of the Presbyterian*

Church in Korea (Sept. 13-19, 1907).

- *Minutes of the Fifth Annual Meeting of the Korea Mission of the Methodist Episcopal Church, South* (Sept. 14, 17-18, 1901).

- Moffett, Samual A. "Evangelistic Work." *Quarto Centennial Papers Read Before the Korea Mission of the Presbyterian Church in the U.S.A.* at the Annual Meeting Pyeng Yang (Aug. 27, 1909).

- Moore, John Z. "The Methodist Million Movement." *KMF*(Feb. 1920).

- Moore, Samuel F. Letter to Horace N. Allen(Dec. 26, 1899).

- _____. Letter to Horace N. Allen(Mar. 14, 1900).

- _____. Letter to Horace N. Allen(Aug. 14, 1900).

- _____. Letter to Horace N. Allen(Sept. 5, 1900).

- _____. Letter to Frank F. Ellinwood(Feb. 14, 1901).

- _____. Letter to Frank F. Ellinwood(July. 11, 1901).

- Nisbet, Anabel Lee Major. *Day in and Day out in Korea.* Richmond, VA: Presbyterian Committee of Publication, 1919.

- *Report of the Korea Mission of the Presbyterian Church in the U.S.A.*(Sept. 1907).

- *Report of the Sixth Annual Meeting of the Korea Mission of the Methodist Episcopal Church, South,* 1902.

- RG 59, Central Files, The Decimal File, 1910-63, 740.00119, Control(Korea) Series, 1945. 10-1945. 12, Attitudes towards Occupation Forces in Korea(사료철: AUS002_24_05C0012).

- RG 84, Records of the Foreign Service Posts of the Department of State, 1788-1964, Miscellaneous Received, Jan-Oct 1900, Box 19.

- Sands, William F. Letter to Horace N. Allen(Mar. 13, 1900).

- "Second Generation Missionaries in Korea." *KMF* (Apr. 1941).

- *The constitution of the Presbyterian church in the United States of America.* Philadelphia: Harrington & Haswell, 1850.

- *The Minutes of the Eleventh Annual Meeting of the Council of Missions in Korea* (Sept. 20-25, 1903).

- *The Standing Rules and By-Laws of the Korea Mission* (Feb. 1891).

5. 인터넷

- 공훈전자사료관 독립 유공자 공적 정보. https://e-gonghun.mpva.go.kr/ user/ContribuReportDetailPopup.do?goTocode=0&mngNo=1532&.
- 양국주. "신선행, 당산나무 같은 조선 여인." 「NP 뉴스파워」 2010년 1월 12일. https://www.newspower.co.kr/15134.
- Find a Grave. https://www.findagrave.com/memorial/109634460/fulton-gifford.
- Princeton Theological Seminary/Library/Digital Collections/Theological Commons/Featured Collections/Moffett Korea Collection. https://commons.ptsem.edu/moffett.